每天学点口才学

吕华◎编著

内蒙古人民出版社

图书在版编目(CIP)数据

每天学点口才学/吕华编著.—呼和浩特:内蒙古人民出版社,2017.9 (2019.6 重印)

ISBN 978－7－204－15034－2

Ⅰ.①每… Ⅱ.①吕… Ⅲ.①口才学－通俗读物 Ⅳ.①H019－49

中国版本图书馆 CIP 数据核字(2017)第 255425 号

每天学点口才学

作　　者	吕　华
责任编辑	晓　峰
出版发行	内蒙古人民出版社
地　　址	呼和浩特市新城区中山东路 8 号波士名人国际 B 座 5 楼
印　　刷	临沂同方印刷有限公司
开　　本	710mm×1000mm　1/16
印　　张	20
字　　数	300 千
版　　次	2018 年 8 月第 1 版
印　　次	2019 年 6 月第 2 次印刷
印　　数	10001－15000 册
书　　号	ISBN 978－7－204－15034－2
定　　价	39.80 元

如发现印装质量问题,请与我社联系。联系电话:(0471)3946120

网址:http://www.impph.com

前　言

一个人在自己的事业中，是否拥有良好的口才，会直接影响工作的成绩和成就。作为销售员、经理、店员、部门负责人、团体领袖、教师、护士、主管、医生、律师、会计师、工程师等，我们都身负职责，需要解释专业领域里的知识，并给予职业性的指导。我们是否能以清晰、简明的语言来做这些解说，经常是我们的上司用以判断我们能力的尺码。从事口才表达的练习，可以获得快速思考与敏捷用词的技巧，然而这种技巧却不仅限于正式的讲演，它还可以每天为我们每个人所使用。最近，在工业界、金融界、政府机关里和各职业组织里风起云涌纷纷开设口才沟通的课程，更加说明了今天在各种职业和行业里对清晰明确口头表达能力的要求。

我们知道，口才学是探讨和研究人们在社会交际活动中口语表达规律的人文学科。它与许多学科都有密切的关系，如哲学、社会学、写作学、修辞学、逻辑学、心理学，等等，同样，它与美学也有着直接而密切的关系。美学是把社会美、自然美和艺术美的创造、鉴赏等全部内容作为研究对象，而口才学则把口语表达的内容、技巧、结构、语言、风度、服饰和场景美等作为研究的对象。当然，研究口才学离不开美学上的各要素研究，口才学要借助美学的研究成果来进行研究。同时，反过来，关于口才的美学因素的研究成果，也必然会给美学的基础理论提供可靠的依据。所以，多角度研究口才，就形成了口才学。

口才学，是以口语表达所具有的审美性质和听众对口语表达的审美经验为依据，研究口才艺术的审美价值及其与口语表达实用价值的关系，口语表达的主体与客体间的审美关系，以揭示口语表达过程中的美和听众获取的美感的本质、构成、特征和规律为基本任务。

优秀的口语表达也是创造美、传播美、展示美的过程，也体现出人与现实的审美关系，因此，其本身就包含着许多美学因素。

一个人要想在社会交际活动中通过口语表达取得成功，获得大家和社会的认可，除了应具备相应的道德情操、思想品德、文化教养、政策理论、行为举止等各种修养外，尤其必须具有丰富的口才知识与较高的口才修养。

编　者

目　录

第一章

好口才铸就好人生

口才在历史上具有举足轻重的地位。第二次世界大战中，一些西方人士曾把“舌头”“原子弹”“金钱”并提，称之为“世界三大威力”。而在我们所生活的今天，又有人把“口才”“美元”“电脑”作为“三大战略武器”，足可见口才的重要性。随着人们交往得越来越频繁和各行业对高素质人才的需要，口才艺术的应用与研究已经越来越受到社会各界的重视与关注。

口才的重要性

一、口才是一种必不可少的能力

当前全民瞩望“素质教育”，作为21世纪的青年，究竟应该拥有怎样的素质呢？一开口就露丑的大学毕业生，难道可以说具有很高的文化素质吗？当然不能！也许有人会说，孔圣人不是说过“君子讷于言而敏于行”吗？对，孔子是说过这样的话，但是，殊不知，作为当代青年，将来面临各式各样的工作，你所谓的“言”，往往就是你“行”的一部分，言与行在许多工作中是密不可分的。比如说，你想成为一名光荣的人民教师，就要靠口耳相传来达到教学目的；你想成为一名高尚的法律工作者，就要面对法庭辩论，你的所有的“言”，也就正是维护法律尊严的正义之“行”；你想成为一名畅游商海的企业家，那你就需要鼓动你的如簧之舌，去说服顾客和你的合作伙伴……因此，具有口才的人，必然是现代社会中的活跃人物。能干的企业家要应用这门技术去开拓，律师要运用这门技术去雄辩，政治家要用这门技术去阐述自己的政见，教师、推销员、演员等等无不如此，都必须具备这门技术。对于许多专业而言，练就过硬的口才，将是终身受用不尽的法宝。

究竟什么叫作“口才”呢？口才是以口头语言为外壳的，德、才、学、识的综合体。它是人们在交谈、辩论、质询或演讲时，熟练地将自己的思维成果、知识学问、道德情操等多方面修养综合起来，充分发挥语言表情达意作用的一种高超的能力。

二、口才是一种争取更多机遇的技术

人类社会发展到今天，口才已经成为决定一个人生活及事业优劣成败的重要因素之一。由一个人每天所说的话，可以判定他

每天的工作生活情况；一个人每天的喜怒哀乐，往往由其言语来表现。一生失败于口才的人很多，我们和人接触时所说的话，是很容易被人估定其价值的。口才好、说话流利会让人托付重任。有才干没有口才，虽也可以达到成功的目的；但有才干兼有口才的人，成功的希望更大。一个滔滔不绝的说话者，有一种不可思议的力量，可以影响周围的气氛。

口才，确实是人类生活中最难能可贵的艺术或技术，但它并不全是天生的，是可以训练的。

有一个人对商业广告极有研究，曾在无机会的环境中创造机会。他以求职的目的去拜访一个大公司的经理，会面以后他始终没有把谋职的意思说出。他只和经理谈天，在巧妙的谈话中，尽量地把广告对商业的重要性及其运用的方法说出。他举了许多有力而又典型的例子，他丰富的知识、犀利的词锋引起了经理的兴趣。结果他虽没说出谋职，反而由经理主动请他替公司设计广告。他的目的达到了，这就是仅凭一席话，给自己创造机会的人。

还有一个青年去应聘一家火柴厂员工的职位，对于这类业务他原是外行，但是为了去应聘，他预先调查好了国内火柴厂的出品数量和销量、外国火柴在市场上的地位、各种火柴厂产品的比较、各竞争厂家的营业情形，等等。当他应聘时，他对于这一业务的广博研究使主持者大感兴趣，他在几十个应聘者当中脱颖而出。所以，预备一些使对方发生深切兴趣，同时表现你具备此道才干的谈话资料，往往能帮助你较易获得成功。

现代社会是一个繁忙的社会，具有口才的人，必然是现代社会中的活跃人物。一个人的说话能力可以代表他的力量，口才好的人往往容易受人重视，而口才差的人容易被人冷淡遗忘，口才对人生具有重要的意义。

三、口才是生活中一种必备的要素

人类生活的要素，一方面是物质生活的满足，如衣、食、住、行、乐的舒适；另一方面是精神生活的安慰，如思想、意念、情感，等等。充实精神生活，与满足物质生活一样重要，甚至在某一种境地中，满足精神生活，较之满足物质生活要重要得多，尤其是表达思想、满足意念、传述情感的语言，更是人类生活当中一件不可少的要素。当你无法表达你的意思、满足你的意念、传达你的情感时，你所受的痛苦一定是非常巨大的。人类生活已经到了不能孤独生存的境地，语言的作用，更不可或缺。无论在什么环境中，都无法避免与人交往。

口才好的人很受人欢迎，他能够使许多原先不相识的人携手，还能使许多本来彼此不感兴趣的人互相了解，能替人排解纠纷，消除人与人之间的隔阂；能医治他人的愁苦、忧闷，使大家生活得更美好，能把生活变得十分快乐。他们业余的时间，可以和朋友或家人快快乐乐地度过，使大家得到很多的乐趣。

人的见解、主张，是经过长期实践形成的，但也是可以变的。想通了这一点，当别人的意见和你不一致时，一方面就不会过于迫切地要求别人认同自己，会容人多多考虑一下，并且希望别人多多考虑一下；另一方面，也不至于一听别人意见和自己不同，就说什么“话不投机半句多”，三言两语合不来，就要断绝交往了。相反的，你会很有兴趣地听听别人有什么不同的意见，然后在证明自己的意见确实高于他的时候，进一步胸有成竹地进行引导和说服。

事业的成功和失败，有时决定于某一次的谈话，这绝不是夸张。在富兰克林的自传中，有这样一段话：我在约束我自己的时候，曾有一张美德检查表。当初，在那表上只列着 12 种美德，后来，有一个朋友告诉我，说我有些骄傲，这种骄傲，常在谈话中表现出来，使人觉得盛气凌人。于是，我立刻注意到这位友人给我的忠告，相信这足以影响我的前途，然后我在表上特别列上了“虚心”一项，决定竭力避免一切直接触犯别人感情的话，甚至禁止自己使用一切确定的词句，像“当然”“一定”“不消说”……而改用了“也许”

“我想”“仿佛”……来代替。这是千真万确的，一个人事业的成败，常会在一次谈话中体现出来。所以，你想获得事业上的成功，必须具有能够应付一切的口才。

四、口才是人际交往的调节剂

要使别人瞧得起自己，先要自己瞧得起自己，绝不可露出乞怜的样子。在人际交往中，可以谦逊，但绝不可以谄媚，不可以唯唯诺诺，使人觉得你一无动人之处。

当你需要说出你的能力，当你被试探着你的智慧时，回避不是办法，简单作答，是必须的要求。发表意见时不可肆意批评别人，更不可以告诉对方说你的计划一定成功，如果雇用你必可使业务发展，等等。这种效果是只能由对方心里称许，而不应由自己说出，表现能力而不流于自夸，得失应该让对方去评判。这样，即使你的见解与他人不相符，希望仍在；自夸必连带着固执，这种态度只会使人厌恶。如果你去拜访一个人，把目的简单地说出之后就可以离开了。即使环境许可可逗留一些时间，也应该立刻把话题转到别处。

在工作交往上，不仅要胜任，还要保持工作的气氛愉快，不要摆一副冷面孔，尽量减少情绪上的困扰及不切实际的想法，可以谈谈工作上所需要的知识以及工作经验，要诚心诚意，不存任何的成见。在一块儿工作的人，必须彼此敬重、礼貌、关心，语气温和。如果有人不想说话，我们必须尊重他不想说话的权利。若有人略显慌乱或口吃时，周围的人就要开口为他解围，适时掩饰他的词穷。

有些人常感到这样一种痛苦：当在一群同事或与工作有关系的人中，他们的信心就瓦解了，开始怀疑自己是一室人中最不风光也最不机智的人。沮丧布满了他们的全身，反应也开始迟钝。他们只顾喝饮料，甚至连好友的名字也忘掉。对待这些人，我们既不忽视他们，也不要过分注意他们，忽视会使他们更不自在，而过分注意又会使他们更加难堪。

失言是常有的事。此时应该立即承认自己犯了错误，就不会致使情况恶化，而且你很可能还有所收获。现在有勇气说“我错了”的人并不多，因此，敢说“我错了”也能赢得尊重。

口语表达的特性

由于社会职业的多元化，口才的类型也是多种多样的。按照口语表述的不同职业功能，口才可以分为宣传教育口才、知识传授口才、推销营业口才、文艺表演口才以及日常交际口才等等；按照口语表述的语气和语言手段的特点，口才又可以分为叙述口才、质询口才、抒情口才、演讲口才、辩论口才等等。在所有这些种类的口才中，演讲口才和辩论口才则是最具有综合性的两个大类。

口语表达作为一种特殊的社会实践活动，有着自身固有的用以区别其他活动的一些特性。

一、口语表达的综合性

口语表达是一种综合性的活动，这是口语表达最为突出的特点。

首先，口语表达的综合性体现为系统的综合。口语表达活动是由语音系统、声调系统、态势系统、主体系统、听众系统和时间系统等构成的复杂的大系统，它具有整体感和时间感。这主要体现在每个子系统既作为独立的单元而存在，具有自己独特的规律和功能，又作为口语表达活动整体的一部分而出现，服从和服务于口才艺术的总目标和总要求。同时，又通过心想、口说、耳听、目视、情动等生理和心理活动的默契配合，协调一致，来共同完成口语表达的任务。例如陶渊明的《归去来兮辞》。有人怀疑这个题目是否有问题，其中的“辞”是一种文体，“兮”是语气词，自不必说，那么“归去来”三个字又该如何解释呢？是归去，还是归来？这正好形成相反的取向。其实在陶渊明来说，这正是他心之所想，情之所动，口之所言，笔之所书的结果。那么，作为读者就必须“以意逆志”，去逆推作者之本意。据钱锺书先生的解释是：“《辞》作于‘归去’之前，故去后着‘来’。”其实，这个“来”字并非去向动词，而是语气助词，即民歌中所谓“一月里来是新春”的“来”，是“来兮”两个虚字的连用。“兮”即“哦”“啊”之类，也就是“依呀呀哦来哦”的用法。在这里，“归去来兮”作为全篇首句，就强烈抒发了陶渊明经过反复的思想斗争之后，终于痛下决心，“不为五斗米折腰向乡里小儿”，坚决离开污浊的官场，回归清新大自然时的欢快心情，于是，不自觉地脱口而出：“归去来兮，田园将芜胡不归！”以下便是想象归途中的情景，“载奔载欣，乃瞻衡宇”，“木欣欣以向荣，泉涓涓而始流……”，这一切都充分体现了生理活动和心理活动的默契配合，协调一致。

其次，口语表达的综合性，还表现为调动的综合性。口语表达的过程，是一个从生活到思想，再由思想到口语的双重转换过程。既然是双重转换，那么从生活到思想的第一层转换就离不开表达者认识并加工生活的摄制力；而在从思想到口语的第二层转换中，又离不开表达者“调动”多方面素养储备的表现力。因此，口语表达的实质是对自身储备的一种综合“调动”。这种储备包括表达者多方面的素养、能力和知识。在综合储备大体相当的情况下，不同的表达者所表现出调动艺术能力的高低，就有着决定性的意义。何谓“调动”？调动，就是通过想象和联想，促成各种沉淀记忆的复活和再现，以便源源不断地满足连续讲话的需要。正因为表达是一种调动，所以，“积之愈厚，发之愈佳”。善于调动而又能厚积薄发，常常是口语表达的秘诀所在。还是举一个教学口语的例子吧。李白有一首名作《蜀道难》，开篇几句十分特殊，也就是被贺知章一见即称为“谪仙人”的首要表现，那就是“噫吁嚱，危乎高哉！蜀道之难难于上青天”。在一般人读来，只能按照字面的读音，根本无法表达诗人彼时彼地特有的惊叹之情，而储备深厚者，就能知道“噫吁嚱”三字今读为细音，而古读为宏音。细音不能抒发豪情，只有宏音才行，开口度要大。这里就有一个古今语音演变的知识储备问题了。其实说来很简单，语音学上有一条，叫作“古无高元音(i)”。因而，(i)音中古以前皆读为(o)，又 jqx 在语音演变中对应的是 gkh，于是我们就明白了，原来“噫吁嚱”按古音应该读为“哦嚯嚯”。只有读出了这样一种惊叹语音的时候，我们才能充分领会谪仙人李白那豪迈奔放的诗歌特色。

最后，口语表达的综合性还体现为表现手段的综合性。口语表达超越文字之外，具有传声性和表情性两大长处和手段多样性的特点。就传声性来说，口语表达通过声调的高低、强弱，语气的缓急、长短、粗细，使有声语言增强了活力，在语流进程中显示出千姿百态，甚至还可以掩盖内容的不足，所以，苏东坡有所谓“三分诗七分读”的说法。在宋代，有一人名叫王沔，字楚望，皇上殿试举人，常常让他来读试卷。王沔也素来善于读文，即使是文格低下的文章，他也能读得抑扬顿挫，使听者不厌，而且经过他阅读的卷子往往能高中。所以在举子中流传着这样的说法：“得王楚望读之，万幸也。”

二、语言思维的同步性

口语表达的另一显著特点，就是作为外部语言的口语和作为内部语言的思维，它们的运动是同步的。实际上，口语表达的过程是一个将自己的思维语言迅速外化为口头语言的过程。在这个过程中，从思维到快速的选词造句，再到口头语言，几乎是闪电般的快捷，当然，从更加精确的意义上说，这种同步实际上是具有一定时差的同步。

口语和思维的同步运动是在现想现说、现说现想的情况下进行的。当要说又还未启口的时候，思维往往是最为活跃的，与话题相关的内容想到了很多，但不一定有条理，或者仅有一个大概的轮廓。在说话的过程中，前一个意思说完了，新的想法很快又产生了，而且总想尽量使所要表达的意思说得更加完善、更加充实。有时，口头语言已经说完了，但思维所产生的意思尚未完全被语言所表达出来，于是，经过快捷的思维，又迅速用口语加以补充，人们的思维和口语就是这样互相联系、互相影响着，由起初不完全定性的想法到逐步完善，直到越说越明白。完善的口语表达要求言语和思维必须同步，思维慢了，前言不接后语，造成表达上的“延顿”和“空白”；言语慢了，跟不上思维，形成表达的“迟滞”或“嗫嚅”。口语表达上的这一特点，要求人们的思维更加敏捷，表达更加准确，反应更加灵活。

前面我们说了，语言与思维的同步，实际上是一种具有一定时差的同步，这是从时间外延的角度而言的。而列宁说过：“语言与意念之间，始终存在着差别。”这里则是从意义内涵的角度而言的，那就体现为下一个特点了。

三、言语形式的简散性

一般说来，口语是随着内容表达的需要而自然吐露出来，并加以自我调节的。由于表达速度快捷，使得表达者来不及对语言进行细致的加工润色，因此，口语不像书面语那样讲究语法的严密和结构的完整，它具有简散性的特点，即表现为语言形式的简略和松散。

简略，是指用语简略，即多用短语以及省略句、隐含句、脱落句等。这是因为思维受时间的限制，说话者难以组织结构复杂的长句，而且，说话双方处于特定的语境之中，有词句省略不说，也不影响理解。因此，日常口语不追求句子成分的完整，而着意于表情达意的需要，也就是孔子所说的“辞达而已矣，何以文为”。

松散，是指结构松散，如口语停顿多、关联词少、语流时断时续，等等。这是因为口语表达可以随想随谈，并不要求一口气说完，而且口语的呼吸停顿要比文章的视觉停顿短得多。文章写在纸上，一个停顿可以看几十个字，而说出话来，一般十来个音节就需要有一个停顿。因此，口语表达在言语形式上就有了松散的特点。

口语简散性的特点，给人们规范口语表达，提高口语质量提出了新的课题。当然若能做到简练而不松散，再辅之以一定的音律性，那就是吟诗了。实际上，语言的简略性，不仅是口语，即使是书面语言也是无法穷尽思维之所有的，黑格尔说："语言实际上只能表达普遍的东西，但人们的所想却是个别的东西，特殊的东西。因此，不能用语言准确地表达人们的思想。"（列宁批注："在语言中只有一般的东西，任何词都已经是概括。"）也就是说，语言只是一个个声音的片段，只能给人以启示，而思想是无声的、连续的，要使之表达出来，需要经过语言的加工和整理，才能使人领会，而这已经不完全是原来的思想了。这就是中国古代庄子所提出的"言不尽意"这一重要命题的合理内涵。

《庄子·秋水》篇说："可以言论者，物之粗也；可以意致者，物之精也。言之所不能论，意之所不能察致者，不期精粗焉。"所谓"不期精粗"，就是无所谓"精"，也无所谓"粗"的境地，那就是他心目中的"无"或者说"道"。

《庄子·天道》篇中有一则寓言说，有一个做车轮的工匠名叫轮扁，有一次问正在堂上看书的齐桓公："公所看何书？"回答："圣人之书。"又问："圣人还在吗？"回答："已经不在了。"轮扁说："这样看来，公所读的就是古人的糟粕了。"齐桓公生气地说："寡人读书，轮人安可论乎？有说则可，无说则死。"轮扁不紧不慢地说："根据我几十年做车轮的经验体会，斫轮徐则甘而不固，疾则苦而不入，不徐不疾，得之于手而应之于心，口不能言，有数存焉于其间，臣不能以喻臣之子，臣之子亦不能受之于臣，是以行年七十而老斫轮，古之人与其不可传也，死矣。然则君子所读者，古人之糟粕已夫！"终于，轮扁给了齐桓公一个合理的说法，因而免于一死。其实，这也是庄子给人们形象地阐述了“言不尽意”的合理内涵。

庄子的“言不尽意”理论发展到后来，就得到了两项重大成果：

1.如何使“言”尽可能“尽意”，也就是要求口语表达的精确性，或者说是口语表达的规范性，包括用词规范、语音规范、语法规范，等等。在我们今天就是提倡写规范字、说普通话。这样才能使口语表达更好地服务于传播与交流。

2.如何使“意”尽可能深含于“言”中而不出，也就是要求口语表达的含蓄性，有意识地造成“言在此而意在彼”的语言最佳状态，使人感到语言隽永，咀嚼不尽，余味无穷。如著名作家王朔有一句名言：“我们已经文明了几千年了，不好意思再文明下去了。”这话乍一听似乎极不合理，我们不是都在提倡文明吗？怎么能说“不好意思再文明下去了”呢？其实，这是他对中国几千年来所形成的封闭、保守、落后的封建文明的批判。言下之意是：别再死抱住陈旧腐朽的封建意识不放了，都已经进入21世纪信息化的国际社会了，还好意思一味地抱残守缺吗？短短的一句话，足可警世！

四、口语传播的暂留性

口语表达是以声波为载体来传播语言的，而声波传送转瞬即逝。这就决定了口语具有暂留性的特点。所谓暂留性是指一句话讲出来，能够清晰停留在记忆里的时间很短。据测试，一般人听连续的语流，精确地留在记忆里的时间不超过七八分钟，此后便被新的语言刺激所代替。口语传播实际上是一个连续不断的语言流动、记忆转换的过程。这是口语区别于文章的一个很突出的特点。文章可以长久保留，反复揣摩，传之永久。而声音却稍纵即逝，来不及推敲、斟酌、玩味。所以，人们对口语表达的评价往往是从整体印象出发的。

口语传播的暂留性，对口语运用有如下的指导意义：第一，要求以准确、清晰、洪亮的声音有效地完成口语表达；第二，必须掌握适当的语速，需要对方听清的问题可以放慢速度，以加深记忆；第三，必要情况下可用强调、反复、渲染、烘托等手法实施语言的强刺激，以延缓暂留时间；第四，注意保持语意完整、语流畅通和语势连贯，以增强整体效果。

五、表达过程的临场性

口语表达的临场性指的是口语表达者和听众总是同处于特定的现实语言环境之中这样一种现象。所谓临场性，我们可以作三个方面的理解：

首先，是指口语表达总是在特定的时空中进行的。口语表达受到时间和空间的限制，你在此时说的，彼时就听不到；你在此地说的，另一地方就听不到。虽然现代录音和电讯技术在一定程度上打破了这种时空的限制，但能传之久远的声音对于文章来说毕竟是很少的。这就在人际交往中给那些爱拨弄是非者提供了条件。因此对待传话，我们要有良好的心态，姑妄听之，除非亲耳听到完整的说法，否则不必全信。也正因为如此，古人才有“兼听则明，偏信则暗”的规劝。

其次，是指口语表达的对象是具体的、特定的。口语表达和写作都有一定的对象，但是口语表达的对象更加直接、明确和具体，因而不能不考虑特定对象的接受能力和具体要求。如《阿Q正传》中的假洋鬼子在阿Q面前所说的“No——这是洋话，你们听不懂的”，既然明知人家听不懂还故意说洋话，这就是卖弄学问、故作清高的假洋鬼子的本质。又如“先生贵庚”——这种附庸风雅的问询只能产生一种隔阂，而不能产生亲和力，甚至引起人们的反感，从而在社会交往中就会失去应有的地位。

最后，就是指信息交流是在现场氛围中实施的。这种现场氛围对口语表达的影响有两个方面：

第一，由于现场氛围的限制，使得口语不露痕迹地修改成为不太可能的事情。写文章可以任意修改，而口语表达却不能这样，说话是口耳相传的事，只要一发出声音，想要收回就已经不可能了。

从这个意义上说，口语表达是一种遗憾的艺术。如鲁迅小说《风波》中记下了一则趣事：

革命高潮来临时，撑航船的七斤由于信息灵通，率先剪掉了辫子，那时的七斤嫂也没有觉得有什么不好的。但是革命高潮一过，复辟势力就回来了，说是没有辫子就要杀头。这时的七斤嫂就要为七斤担心起来了，于是就当众数落起七斤来："这死尸自作自受，造反的时候，我本来说不要撑船了，不要上城了，他偏要滚进城去，便被人剪去了辫子，弄得僧不僧、道不道的……这活死尸的囚徒……"这时在一旁的八一嫂听不下去了，就顺口回敬了一句："七斤嫂，算了吧，人不是神仙，谁知道未来的事呢？便是你自己那时不也说，没有辫子也没有什么丑的吗？"弄得七斤嫂哑口无言，只好拿自己的女儿出气，顺手就将手中的筷子在女儿六斤头上直扎下去，并骂道："谁要你来多嘴，你这偷汉的小寡妇！"（八一嫂是个寡妇，怀中正抱着一个两岁的遗腹子）。

在这里，七斤嫂自己前面说过的话，与当前的话语正好成了鲜明对照，因而就被人抓住了把柄。因此，在人际交往中，素来就有所谓"一言既出，驷马难追"之说，还有更为形象的说法，叫作"嫁出去的女儿泼出去的水，再也收不回来了"。

第二，信息交流的现场性决定了表达者在现场的每一分钟都容易受到外界的影响。口语表达是说者和听者的双向沟通反馈活动。当众说话，听众的反应常常直接影响说话人的情绪。因此，口语表达时一定要认真观察听众心理和情绪的变化，并根据反馈的信息，随时调整自己讲话的内容和形式，以牢牢掌握表达的主动权。八一嫂在刚才讲的那个情境中就是没有看清七斤嫂那番数落的真实用意，其实只是想要为七斤开脱罪名，而八一嫂却多嘴多舌地说错了一句话，招来了七斤嫂一番指桑骂槐的痛骂，最后只好恨恨地说："七斤嫂，你恨棒打人！"就没趣地抱着她的遗腹子回去了。

提高口才的途径与方法

从某种意义上说，一个人在社会交往过程中的口语表达能力，很能体现他的综合素质。而语言运用中，又有高低之分、优劣之别，精与粗、文与野的差异。要想使自己的语言达到“高、优、精、文”的境界，就要努力学习，别无他法。

一、提高认识，树立正确的口才观

毋庸讳言，社会上对口才褒贬不一，而孔门四科的顺序则是“德行、言语、政事、文学”，言语仅次于德行，排列第二，从中可以看出在孔子的教育实践中，“言语”所占的地位之高。在中国古代社会中，说客，一度十分流行。以苏秦、张仪为代表的所谓纵横家，在春秋战国时代比今天的外交部部长要受欢迎得多，地位也要高得多。因而到了汉代班固的《汉书》中，还将纵横家与儒道阴阳法名墨等思想流派并列，成为“九流十家”之一，当时甚至还出现过鬼谷子所创办的口才学校。

当然，古代的政治家、理论家也有反对把口才当作一门艺术的，如北宋著名历史学家司马光就对说客极力诋毁，说他们是“掉三寸之舌”“专以辩说相高，人君悉国而听之，此所谓利口覆邦者也”。到了现代社会对此也仍然分歧巨大，有人认为口才是人才的一半；也有人认为能说会道只不过是“耍贫嘴”。这种贬低口才的观点，从历史的角度看是不公正的；从认识论的角度看，是片面的、极端的，他们没有看到口才与思维水平之间的密切关系，谁能说一个思维迟钝而混乱的人，会有好的口才呢？又有几个口才好的人在业务上是低能儿呢？尤其是当今社会已经进入了信息时代，而口语则是最常用、最便捷的交流工具。为了培养现代化的复合型人才，我们今天也必须一扫那些对待口才的陈腐观念，变“君子讷于言而敏于行”为“君子善于言而又敏于行”，树立正确的口才观，努力锻炼自己雄辩的口才，大力弘扬口才艺术。

二、“功夫在说外”，加强个人修养

有人误解了口才的本质，错误地认为口才好者，只不过是嘴皮子功夫。这是大错特错的偏见。因为口才绝不仅仅是嘴皮子的事，在社会言语交流过程中，说话人总是根据自己特定的世界观、政治倾向、道德观念、思想感情、知识水平、思维方式以及语言环境等基本要素的要求，将自己在认识中积淀于心灵深处的信息，转换成一种口语音响的形式传递出去。就比如一名教师的基本要求是“学高为师，身正为范”，这就很好地揭示了作为优秀教师，必须具有很好的修养。“语言是思想的直接现实”。没有爱憎分明，哪有义正词严；没有渊博见闻，哪能谈古论今；没有虚怀若谷，哪有言谈雅秀；没有文思泉涌，哪能口若悬河？十分明显，要想掌握好口才艺术，不仅仅是磨砺嘴皮子，更关键的是磨砺思想。朱熹《观书有感》一诗中说：“半亩方塘一鉴开，天光云影共徘徊；问渠哪得清如许？为有源头活水来。”口才艺术的“源头活水”就在于人的德、才、学、识以及高尚思想指导下的社会实践活动。

三、普遍练习与重点突破相结合

培养丰富的语体感是口语表达训练的一项重要任务。要做到这一点，就应该坚持唯物辩证法关于一般与个别相结合的原则，既要抓好一般性口语语体的普遍练习，又要选择符合自己才能和兴趣的一种或多种语体进行个别突破。

首先，应该对使用频率较高而又适合训练的各种口语语体进行认真练习。根据以上原则，我们可以依据言语样式的不同，选择交谈、发言、问答、论辩、演讲五种不同的口语语体。这其中交谈属于日常口语，演讲则自成一体。这些语体虽然带有举例性质，但都是日常学习、工作、生活和社交中经常遇到，而又必须加强练习的。

其次，应该选择符合自己的语体，以重点突破。这是一个相当古老而又颇有道理的见解。三国时，曹丕在他的《典论·论文》中说："文非一体，鲜能备善"，"故能之者偏也，唯通才能备其体"。十八般武艺样样皆通，一般的人是难以做到的，口语语体的运用也是如此。因此，可以在各类语体中，选择符合自己需要的一种或数种语体作为口语训练的方向去认真实践。

四、学习前人，敢于创新

在中国古代，口才上乘的范例简直数不胜数，如《左传》中记载的"蔡厨师认罪辩冤"的故事：

晋文公作为公子时，曾经在外流浪了19年，受尽了磨难。后来回国执政当上了国君，就尽情地享受了一番，什么山珍海味他全都尝遍了，其中最爱吃的则是烤肉。有一次，晋文公点了一盘烤肉，但是端上来一看，分明有一根头发丝缠绕在烤肉上。于是，晋文公勃然大怒，唤来烤肉的蔡厨师。文公的侍从对蔡厨师吆喝道："烤肉上居然缠有头发丝，这是对君主的大不敬，你如此失职，该当何罪？"蔡厨师看了一眼盘子里的烤肉，心知有人故意陷害自己，心想：我一个卑贱的厨师，在皇上面前哪有辩护的权利？但是如果不将冤屈点破，又会马上被处死。在这危急关头，聪明的蔡厨师连忙跪倒在地向晋文公认罪：

"臣有罪，臣该死！臣罪有三：厨下切肉的刀快得像宝剑，能够割断肉却割不断头发丝，这是臣罪之一；烤肉时，我用铁锥串起来反复翻动，却没有发现这么长的一根头发丝，这是臣罪之二；炉火熊熊，旺得发红，肉烤熟了，头发竟然还没烤焦，这是臣罪之三。有此三罪，死罪难免。"

晋文公听了这番话之后，就领会了蔡厨师的巧妙申辩，醒悟到这是有人故意做手脚，一是戏弄国君，二是陷害厨师。于是，他下令将伺候进膳的侍从找来审问，果然如此。文公大怒，杀了这一侍从。蔡厨师终于免遭杀身之祸。

这个故事中，蔡厨师认罪的三条罪状本身就是自相矛盾的判断，而每一个矛盾的判断，又都是一个三段论的前提与结论相结合的复杂判断，他故意省却了一个小前提，即头发是别人在肉烤好后故意绕上去的。这个小前提就让晋文公自己去领悟。

更为著名的是《晏子使楚》的故事：

齐相晏子奉命出使楚国，楚国人知道晏子身材矮小，就想要故意侮辱他。他们在城门边上开了个小门，请晏子从小门进宫。晏子见了，笑着说："出使狗国，才从狗洞里进去。现在臣奉命出使楚国，大概不应该从狗洞里进去吧？"楚国官员听了之后，赶快打开正门，请晏子进宫。

晏子对楚王行礼，刚刚站起身，楚王就发话了："齐国难道没有人了吗？"晏子一听，就明白了楚王是在蔑视自己，可表面上却似乎在说齐国没有人，于是就从容答道："齐国都城临淄，有三十万户人家，每人如果抬起胳臂来，那衣袖可以遮住太阳；每人挥一把汗，就像下了一场大雨；大街上人来人往，摩肩接踵，谁说齐国无人？"

楚王又问道："既然齐国有那么多人，怎么派你来出使呢？"晏子随口回答："齐王任命使臣，量才录用，任命贤德之人出使贤德之王，品行不好的人出使到下等国度。臣的品行最差，所以只能被派到楚国来了。"

楚王听了，气得张口结舌，无言以对。但楚王对自己的失败仍然耿耿于怀，总想找个机会进行报复，便与手下大臣商议对策，等着要羞辱晏子。过了两天，楚王请晏子进宫赴宴。众人畅饮正欢，忽见殿前走过一伙人，晏子一看，原来是一队卫兵押着一名囚犯走过。楚王高声斥问道："何人来此喧哗？"一名侍卫官报告说："启禀大王，刚刚抓到一个贼。"楚王又问："从哪里来的？审问过没有？""审问过了，这贼说他是从齐国来的。"楚王听了就得意地对晏子说："齐国人生来就善于偷盗吗？"晏子听了立刻起身答道："臣听说橘生淮南则为橘，果实大而甜；移之淮北则为枳，果实小而酸。为什么？原来是因为水土不同的缘故啊。今齐国百姓在齐国不会偷盗，人们可以夜不闭户；而这人一到楚国就会偷盗，该不是楚国的水土使人变得善于偷盗了吧？”楚王听了哭笑不得，待了一会儿，才自我解嘲地说：“与圣人真是不能随便开玩笑啊，这次我是自找难堪了。”

那晏婴是什么人啊？身任齐灵公、齐庄王、齐景公三朝相国，是一位著名的政治家，又是一位能言善辩的外交家。他多次出使诸侯各国，都以犀利的口才维护了自己的人格和国家的尊严。在这则故事里，他巧妙地运用了归谬法，将对方荒谬的观点进一步夸大，并将荒谬引向对方自身，使人一听就知道是荒谬至极，而且使羞辱他的人受到加倍的羞辱。这种方法就叫作“请君入瓮”。

古人这些以绝妙口才出奇制胜、转危为安的事例，令人百读不厌。我们常见的口头创作，或借古讽今，或以物喻理，或以近喻远，或以小喻大，或虚张声势、明知故问，或借题发挥、指桑骂槐，或跌宕起伏、妙语连珠，或先声夺人，或后发制人，如此等等，莫不令人拍案叫绝。学习古人的口才，不仅要学习他们善于说服人的口语表达技巧，更是要培养自己严密的逻辑思维能力，提高观察判断问题的敏锐性，还要注意加强自我修养，具备良好的气质和风度。

锻炼口才，既要注重借鉴，更要努力创新，要有鲜明性、生动性、创造性，要能够适应于内容、个性、场合和听众，以达到理想的效果。

第二章

练好口才从说话开始

我们不见得每个人都是专业的老师，可是我们每一天都会有许多时候，要用言语来对别人说明什么，像父母教育子女、邻居间介绍修剪玫瑰的新方法、旅游者就最佳的路线交换意见等，我们常会在自己要说话时，发现清晰、连贯的思考，强劲有力的表达是多么重要。这时，我们就会发现好的口才和沟通技巧是多么的有用。

为什么要讲究说话

说话是科学，说话是艺术。什么人在什么情况下为了什么目的，对什么人说什么话并且得到什么结果，这些都是有规律可循的。所以，说话是一门科学。善于说话的人和人说话总是晓之以理，动之以情，能对别人的心说话；善于说话的人讲演做报告，会场上气氛活跃，说者侃侃而谈，听者津津有味，两者达到了完满的交流。故说话也是一种艺术。

说话的性质表明，要想取得良好的说话效果，应该讲究说话。随着社会生活的现代化，传播和记录有声语言的工具进一步普及，说话的重要性越来越明显。

现代社会的发展非常讲究速度和效率。由于时间宝贵，人们的工作和生活的节奏也发生了变化，要求人们彼此谈话也要节约时间，讲究口语表达的效率。

看对象说话

说话要看对象。不同的对象对同一句话会产生不同的反应，甚至会导致截然相反的反应。

一、对不同性别的人应说不同的话

有篇小说写了这么一件事，大概在20世纪40年代，有个老师写了一句话让学生加标点符号。这句话是："女人如果没有了男人就恐慌了。"结果，男同学这样加标点："女人如果没有了男人，就恐慌了。"而女同学，标点却是这样加的："女人如果没有了，男人就恐慌了。"这里所加标点位置的不同，表明了不同性别的人，站在各自的立场上，会产生不同的言语反应。男性认为，女人离不开男人；而女性认为，男人则离不开女人。因此，对男、女说话要注意有所区别，有些可以对男性说的话，未必就可以对女性说。男性和女性在言语反应上有差别，这种差别多半是由性别的心理差异引起。

女性比男性更爱美，更怕人说她老，爱美是人的天性，女性尤其突出。一个体形矮胖的女子，你说她又矮又胖，像个水桶或像个缸，对方听了一定很不舒服；如果说她长得丰满、富态，她就爱听了。对于长得瘦长的女子，你说她长得像瘦猴，或说她“一碗水烧不开”（像一根细长的劈柴，烧不开一碗水），她听了一定感到不愉快；如果说她长得苗条，她心里可是乐滋滋的。对于男子，只要是比较熟悉的说他水桶也好或瘦猴也好，似乎都没有太大关系。

女性怕听到老字，说一个大龄女子老了，常常会刺痛她们的心。

可是，当面说一个中年男子“满脸双眼皮（满脸皱纹）”“丑八怪”“矮地矬溜”“三块豆腐干高”，他只是一笑置之，决不会为此事感到烦恼。中年男子可以互称“老张、老李”，对中年女子就不便这样称呼了。她们常把姓氏前面的词头“老”跟形容词“老”联系起来。

男性不怕人说他“老”，却怕人说他小，说他不成熟。有些年轻小伙子一说话，张嘴就是“老子我怎么样怎么样”“我已经不是3岁小孩了，还不懂事吗?”这跟男性比较自信有关。

此外，如果你是一个男青年，见到一个年纪相近的女青年就问她的岁数，人家一定不高兴回答你，甚至会怀疑你对她有企图，因而是不得体的。一般地说，女性不喜欢男性打听她们的岁数，恐怕是出于怕老和防范的心理。

二、对不同年龄的人应说不同的话

成年人当中又分青年人、中年人和老年人，这3个年龄层的人经历不同，志趣各异，跟他们说话也要从他们的心理状态出发。比如对健康的中青年，今天在他面前说张三死了，明天向他报告李四也死了，他跟张三、李四只有一面之交，听了也就听了，不会产生什么反感，因为他离死还早着呢。如果对老年人也这样说，他听了就觉得反感："你为什么老在我面前说这些不吉利的话呀！我还要多活几年、享享清福呢！"据说不少老年人怕死，显然是怕听到他所认识的人死去的消息。

三、对不同文化程度的人应说不同的话

跟文化低的人说话应该用家常口语体，说大白话。如果用接近书面语的典雅口语体与他们交谈，那么，在语体上是不合得体性的要求的。有个人口普查员填写人口登记表时问一位没文化的老太太："您有配偶吗？"老太太愣了半天也回答不上来。旁边有人解释说："他是问您有老伴没有。"老太太这才恍然大悟。可是，对有文化的人说"配偶"（公文用语）就没有障碍。

文化高的人比较敏感，爱抠字眼儿；文化低的人却不是这样。因此，对文化低的人讲话可以随便些，即使有几个词用得不得体或不是地方，他们也不会去深究的。跟知识分子讲话就得注意尊重对方，避免常识性错误，特别是注意用词得体，偶有大词小用，小词大用，一旦被他们抓住就会留作笑柄。例如，在一次学术会议上，有位代表在开场白中说："刚才几位同志的报告都很好，如果把你们的讲稿没收，你们还能不能讲得这样好？"问题就出在"你们"上。许多听者从这句话推断出言外之意："把我们的讲稿没收，我们就讲不好？怎么，把你×××的讲稿没收，你就能讲好啦！你×××太狂了吧。"我们的民族注重社会性。有人乐意使用表示集体的字眼，"我"常常改用"我们"。"我们认为""在我们看来"，实际上指"我认为""在我看来"。上面的话里把"你们"换为"我们"或"大家"就得体了。就在这个会上，有位老先生说："因时间关系，我不能都讲了，只给大家送一点儿'压缩饼干'吃。""压缩饼干"用来恭维别人的作品是恰当的，意思说别人的文章内容相当丰富，文字相当简

练。可是用来说自己的学术报告，人家就说他自我吹嘘。会后，有些代表就拿他开玩笑："啊，'压缩饼干'来了！"其实，"压缩饼干"是个比喻，说者强调形式上的"压缩"，并没有吹嘘自己的意思，但在有些爱抠字眼的人面前，这样使用"压缩饼干"就被认为是不得体的。

四、对不同民族的人应说不同的话

语言和文化互相依存。每个民族的文化必然在它的语言中有所体现，因而可以从语言中窥探不同民族在文化上的差异。人们对某种语言的理解，往往是以弄清用这种语言的民族的文化背景为依据，而两种民族文化的冲突，常常导致对同一句话的反应迥然不同。

礼貌用语是一种感情交流。在我国老百姓见面时爱说一声"你吃了没有？"这反映出几千年来中国老百姓吃了上顿没下顿，吃饭成为极严重的社会问题，反映出人与人之间的关切之情。由于语言发展的稳固性，尽管新中国成立后绝大多数中国人已解决温饱问题，但这句问候语仍挂在老百姓嘴上。外国人对这样的问候语就很不理解，甚至引起许多不可思议的反应。例如，在我国工作多年的一位英籍教师离开中国的前夕谈道，她在北京××学院教英语时，学生一见面就用英语问她："你吃了吗？"起初她感到奇怪，后来，见这样问候的人越来越多，她感到厌烦："你们是不是说我的钱不多，吃不上饭哪！"她待的时间长了，才慢慢了解到这是中国人的问候习惯，是有民族文化背景的。

五、对心境不同的人应说不同的话

清代朱柏庐在《治家格言》里说："莫对失意人，而谈得意事。"这是说，对一些人说来是最不得意的事，不愿意别人提起的事，有些人却提了，北京话叫"哪壶不开偏提哪壶"。这等于戳人家的伤疤，内心的痛苦是不言而喻的。比方说，老姑娘都怕听到别人结婚的消息。如果在她面前提到某某结婚了，问她凑不凑份子，这些无意说出来的话，就会勾起她对往事痛苦的回忆。她年轻时很可能上过轻薄男子的当，才决心一辈子不嫁人的。而找别人凑份子，他们一般都会高高兴兴地参加。现在，有些大龄女青年不愿意听到“大男大女”这个新词，因为对她们有刺激。

来例假和生孩子本是一种生理现象。盼子心切的人希望妻子“不来例假”“怀上了孩子”，而未婚受孕的人害怕听到“有了孩子”的信息，他们认为这是丑事。因此，对这两种人说话就应有所不同。“怀孩子”在张三听来是美好的言辞，对李四来说不但不美好，反而成为触及她个人痛处的禁忌语。触及个人痛处的禁忌语应尽量回避，否则言之不当，伤了人，就不得体了。

同一个人，心境不同对言语反应也不相同。情绪好的时候，别人即使对他说些不中听不得体的话，他听了就听了，表现出随和性；情绪不好或心烦时，自己不愿意多说话，更不爱听别人唠唠叨叨，听到一句不顺心的话就会起急，甚至莫名其妙地冲人发火。

看身份说话

民间关于朱元璋的故事很多，有个故事很能说明“看身份说话”的重要，抄录如下：

朱元璋做了皇帝，他从前相交的一班苦朋友，有些还是照旧过着很穷的日子。有一天，一个朱元璋从前的苦朋友从乡下赶来，一直跑到南京皇宫大门外面，在他哀求下，黄门官进去启奏说：有旧友求见。朱元璋叫传他进来，他就进去了。见面的时候，他说：

“我主万岁！当年微臣随驾扫荡庐州府，打破罐州城，汤元帅在逃，拿住豆将军，红孩儿当关，多亏菜将军。”

朱元璋听他说得好听，心里很高兴。回想起来，也隐约记得他的说话里像是包含了一些从前的事情，所以，就立刻封他做了御林军总管。这位嘴乖心巧的苦朋友从此就做起大官来了。

这个消息让另外一个苦朋友听见了。他心想："同是那时候一块儿玩的人，他去了既然有官做，我去当然也不会倒霉的吧？"他也就去了。

和朱元璋一见面，他就直通通地说：

"我主万岁！还记得吗？从前，你我都替人家看牛，有一天，我们在芦花荡里，把偷来的豆子放在瓦罐里煮着。还没等煮熟，大家就抢着吃，把罐子都打破了，撒下一地的豆子，汤都泼在泥地里。你只顾从地上满把地抓豆子吃，却不小心连红草叶子也送进嘴里。叶子哽在喉咙口，苦得你哭笑不得。还是我出的主意，叫你用青菜叶子放在手上一拍吞下去，才把红草叶子带下肚子里去了……"

朱元璋嫌他太不会顾全体面，等不得听完就连声大叫：

"推出去斩了！推出去斩了！"　　（《民间文学作品选》）

故事说，朱元璋做了皇上，小时候的两个穷朋友来朝拜他。头一个穷朋友懂得眼下的朱元璋和他不再是过去哥儿们的关系，只有用君臣关系的身份说话，才能投其所好。尽管隐隐约约提到儿时不光彩的事，然而丝毫不伤害朱元璋的尊严，相反，还讨得皇上的欢心，做了大官。另一个穷朋友不懂"看身份说话"的道理，仍然用哥儿们的身份直通通地说话。两人所说的内容完全相同。但这个穷朋友因揭了朱元璋小时候的狼狈相，伤了他的尊严，落得个被斩首的下场。

那么，身份是指的什么呢？

一、身份指一个人的社会地位

儒家从政治伦理学的角度，指出每个人的社会地位和权力都是先天决定的，即人与人之间织成了一张关系的网络，每个人一生下来就固定在网络的某一点上，他能讲什么，不能讲什么，对什么样的话产生什么样的反应，都是受社会行为的准则和人事的条理

所制约，并且由这一点上的位置所决定的。

什么身份说什么话。领导由于身份关系，说话比较模糊、含蓄，难以直露，并且尽量少说话。而群众则往往直露胸臆，对什么问题都毫无顾虑地进行评说、议论。我们在公共电、汽车上，常常可以根据一些人的谈吐而判断出他们的身份来。缺乏教养的人满嘴粗话。在公共汽车上有人不小心把老太太的脚踩了，如果说一句“对不起，不是故意的”，事情就完了。可是，有的人偏不这样，他一听老太太“哎哟”地叫嚷起来，竟冷冷地说：“怎么着呀，怕踩？怕踩坐小汽车去呀？”这种人大家一看就知道他没有什么身份。

同样一句话，有身份跟没身份的人讲出来，效果确实不一样。只有时时处处恪守什么身份讲什么话的原则，讲出来的话才能符合得体性的要求。1982 年在某地举行的一次修辞学会的年会上，学会负责人 Z 先生第一个做学术报告。他在开场白中把自己比成老猴，说：“先让我这个老猴来耍一耍，然后你们中猴、小猴耍。我老猴肯定耍不过你们，不过总得带个头吧。”大家听了觉得很有趣。报告人年近古稀，又是修辞学会会长，资格老，跟到会的中青年都很熟悉，把自己比作老猴，把别人比做中猴、小猴，既恰当，又风趣。这样打比方合乎说话人与听话人相互关系的要求。说老猴耍不过中猴小猴，这又是报告人谦逊的表示。在修辞学会的年会上打这样的比方，还符合这种具体场合的要求，本身就是很好的修辞。报告人的主观身份和客观对象、具体场合都完全协调，因而效果不错。如果中年同志跑到台上也说出这番话，比方说：“同志们，我是个中猴，先让我来耍一耍，耍完请老猴 Z 先生耍，他耍完再请中猴和小猴一起耍。”听的人就可能产生反感，背后骂：“这小子算老几？居然把老先生比作老猴，是大不敬。”尽管报告人把自己比作中猴，可是按他自己的身份在会上打这样的比方就是不恰当的。

二、身份指一个人的辈分

它表现出长幼之间、上下之间的关系。中国是礼仪之邦，历来是很重视辈分的。辈分可以体现“仁爱”和“礼让”的社会行为准则，直到现在还在起作用。对长辈说话要多点尊敬的语气，对平辈或晚辈说话要真诚亲切。比方说，长辈和晚辈见面后分手，长辈把晚辈送出大门后还要送，这时晚辈就应该说：“请留步”，不能说：“别送了，别送了，快回家吧！”那是对晚辈说话的口气。晚辈说话特别要注意得体性。

要注意语气得体。北京某小学有一次组织五年级学生看电影，在返校的路上，老师和学生有这样一段对话：

师：“加文，《第十个弹孔》好看吗？”

生：“嗨，老师！”

师：“（严肃地）你‘嗨’什么？”

这个学生并没有犯语言结构上的毛病，毛病出在语气的表达不得当，交际行为的能力差。学生回答时发出唤起注意的怪声“嗨”！潜台词是“这还用得着问吗？”小朋友之间使用这种语气说话不要紧，对老师也用这种语气说话，简直是对老师的蔑视，因此老师才生气地批评学生“你‘嗨’什么”。

汉语的语气是十分重要的问题。一个词、一个句子，有时候念的语气不同，含义就有差别。有些礼貌用语“您好”“谢谢”，由于念得语气不对，就给人提示不尊敬的信息。相反，有些骂人话，如“滚蛋”，如果在熟人当中用表示亲昵的语气念出来，却给人提示一种友好亲昵的信息。所以，词语得体不得体，有时候还要看念出来的语气得体不得体。少年儿童说话的语气要自然，要恰到好处。有些孩子受电影电视的影响，说话夹杂着广东腔和官腔，在孩子之间说说没关系，对大人操怪腔调就不得体了。

要注意用词得体。问岁数看来也不简单。假设你是个初中生，问 10 岁以下的小孩：“你几岁了？”对方会愉快地回答你的问话。如果拿这句话问 10 岁以上的青少年，他们可能不会那么愉快地回答你，甚至对你不加理睬，应该问“你多大年纪”才对。有个初中生竟用“几岁”问一个80多岁的长者：“叶老，您今年几岁了？”对方一听十分反感。问七八十岁的老人，一般应问“您高寿”“您高龄”，对方听了会感到舒服，觉得孩子有礼貌，有教养。

要注意句子得体。有一次我们上朋友家串门，一会儿他家上初中的孩子回来了，一进门就说：“叔叔，您来了，我走了。”一句话把我们搞得莫名其妙，以为他对我们的到来有意见。其实，他那天中午和几个同学约好了要去看望一位生病的老师。如果把这个意思说成“叔叔，对不起，我有点事，失陪了。”那就得体了。有个中学生给老作家冰心写信：“您好，我在给您写信……您看到新一代正在茁壮成长，高兴吗？”信中“我在给您写信”使用的口气不对，应改为“我写信向您老人家问候”。“高兴吗？”问得不得体，哪有老一辈的人看到新一代的进步会不高兴的呢？应该说成“您一定非常高兴”。

看场合说话

说话要看场合。同样的话在不同的场合下对同一个人说，所产生的实际效果是不一样的。同是批评人家的几句话，双方开诚布公地谈谈，解开疙瘩，对方就会痛痛快快地接受；若在公共场合中揭对方的短，伤了他的面子和自尊，人家就会因受到刺激变得不客气起来。

场合有庄重和随便之分。“我特地看你来了”，表示专程来看你，显得庄重，“我顺便看你来了”，有点随随便便看你来了的意思，可以减轻对方负担。可是，在庄重的场合说“我顺便看你来了”，显得不够认真、严肃，会给听话人蒙上一层阴影。在日常生活中明明是“顺便看你来了”，偏说成“特地看你来了”，有些小题大做，使对方十分紧张。

场合有自己人和外边人之分。我国文化传统一向是注重内外有别的。对自己人可以无话不谈，“关起门来说话”，甚至说些放肆的话；对自己人什么事都好办。而对外边的人，总怀有戒心，“逢人只说三分话，未可全抛一片心”；办事嘛，一般是公事公办。因此，遵循内外有别的界限说话，社会上认为是得体的，违背这一界限便被认为是乱说话，说话不得体了。

场合有正式与非正式之分。正式场合下说话应严肃认真，事先得有所准备，不要乱扯一气。非正式场合下说话可以随便一些，像聊家常一样，便于谈深谈透。

场合有喜庆欢快和悲痛之分。一般地说，说话应与场合中的气氛协调。在喜庆欢快的场合，说话应有助于欢快气氛的加浓，切忌说丧气话。

在别人办喜事时，千万不要说悲伤的话，有个老太太参加街坊小张的婚礼时，拉着小张的手说：“我家的小三儿跟你一般大，从小跟你很要好，要不是一场工伤事故，他活到现在，不也跟你一样娶媳妇了吗？”说着眼眶红了起来。

场合有适宜多说和不适宜多说之分。对方很忙，时间很紧，跟他说事情就得简明扼要。如果跟他谈笑风生，左用一个比喻，右用一个形容，主观愿望是好的，但不符合客观的要求，效果是不会好的。失火了，你看见后应该立刻呼唤救火，等火灭后才找领导汇报你发现的可疑线索。如果先跑去向领导慢条斯理地报告失火的原因，等把失火的可疑线索报告完，火情早已蔓延开来了。

在同一场合下称呼应有个适度。在办公室里，一会儿叫一下某人的名字，像叫魂似的，是会令人讨厌的。此时，不打招呼胜于打招呼。在不同场合下对同一个人的称呼应有所不同。老任是某机关党委书记，单位的人称他任书记；在家里，他的妻子和儿子就不便任书记长任书记短了。有位老年妇女在法庭上作证时见到女警官是一口一个“大姐”，这是不妥的，应该叫“同志”。如果老太太在家里接待女警官来访，称她“大姐”就无所谓了。

当事人在和不在的场合下，说话也应有所不同。发表批评意见，如果当事人在，说话要面对面进行，一般顾虑较多，语流不顺畅，语气比较委婉，气氛比较严肃；如果当事人不在，即背靠背进行批评，说话人较少顾虑，一般敢于直言不讳，气氛就不那么紧张。

得体与不得体跟场合是正式与非正式有关。有些话在正式场合下说是不得体的。在饭桌上当面谈到张三和李四都没提为副教授，有人说：“你们两个是大哥不要笑二哥，脸上麻子一样多。”这句话在吃吃喝喝的场合中说出来，一笑置之。如在正式的会议或其他正式场合说就不得体了。

使用体态语也有个得体不得体的问题。小孩高兴时又跳又叫，表示一言为定时用小指头拉钩。在公共场合下，假如有位老年人高兴得跳起来，表示一言为定时同别人勾小指头，别人就会说“怎么这个老头像小孩?”言外之意是，他的体态语不符合年龄和场合的要求，因而是不得体的。身份对体态语也有影响。只有上级拍下级的肩膀，大人拍小孩的肩膀，反过来就不得体了。

先说后说要分清

先说后说应从体贴听者着眼。

讲究先说和后说，这也是一种说话的艺术。某校的高一(三)班和(五)班进行篮球赛，两个队碰在一起打得十分激烈，最后，高一(三)班终于赢了。第二天一早，学校布置抓纪律和卫生检查，高一(三)班同学仍在兴奋之中，他们以为今天班主任讲话一定会讲昨天的球赛，什么“单骑闯阵”，什么“小勇腾空”，当中穿插一两句鼓劲儿的话。没想到班主任一上讲台，并没有讲这些，而是说“我们班算什么先进卫生班？桌子没有擦，楼道脏土没有倒。现在，留下一些人立即搞好卫生，其余上操。我们篮球比赛夺了魁，卫生、纪律工作也得搞上去！”由于大家陶醉在球赛的胜利之中，所以先给他们泼点冷水，叫他们看到别的方面的差距，这是有好处的。

先说后说可以表现出一个人的思想观点。战国时代，齐王派了一名使者去拜访赵威后。问候信还没有拿出来，赵威后就抢先向使者表示对齐国的关心。她说：“贵国的收成好吗？老百姓好吗？齐王好吗？”使者听了很不高兴，说：“齐王叫我来拜候您，是一番好意。你呢，先不问候齐王好，倒是先问收成，又问老百姓，未免‘先贱后贵’了吧？”威后说：“你说错了，收成不好，老百姓怎么能好呢？老百姓不好，君王又哪里能好呢？我这样问有什么不对呀？难道要我‘舍本逐末吗’？”使者听了，无话可答。赵威后问话里的语序是“收成—百姓—齐王”，这是按先重后轻的逻辑顺序组织句子的。使者也是按先重后轻的顺序造句，只是使者认为最重要的是“齐王”，最重要的应当说在最前面。他心目中的语序当然是“齐王—百姓—收成”了。一颠一倒，表达出“先贱后贵”与“先贵后贱”两种对立的思想立场和政治见解。

先说后说还可以表现一个人的思想修养。例如，在××学院召开的北京口语调查座谈会上，C 先生说：“你们用录音办法大量进行北京口语调查，已经整理出 100 多万字的资料，这是很不容易的。搞口语调查比较辛苦，录一小时，转写成录音文字材料需要七八个小时。”接着，C 先生批评这项调查书面化和普通话化的倾向比较严重，原因在于调查人没有遵循以下三条原则：以调查无准备的话为主，调查文化低的人的说话为主，调查会话为主。末了说：“我们搞了一份北京话的会话材料，口语色彩比较浓厚，送给你们参考。信息共存共享嘛！”不管有意无意，批评别人的工作之后再说自己的口语材料有价值，无异于贬低别人抬高自己，给人一种飘飘然的感觉。从说话的策略考虑，如果把“我们搞了一份会话材料，奉献给在座的同志们，跟大家进行交流，请大家多提意见”这段话说在前，把批评他们工作中的缺点说在后，调换一下说话的位置，那就比较得体了。

寻找双方感兴趣的话题

当你不但使别人对你的话题产生兴趣并且他们也愿意参加你们的谈话时，你有跟别人谈话的责任。你是否伤了他们的自信心？是否给了他们一个发表意见的机会。总之，除自己以外，你是否对他们产生了兴趣？

会话，如同玩接球游戏，不应该是单向的。假使有人掉了这个球，除非捡回再丢过来以外，必然会有一段难堪的时刻。

一些年轻学生常向我抱怨，提及他们在约会中不能保持生动的谈话。事实上道理很简单——提出一些使谈话得以继续进行的话题，假使你只说“这真是好天气，不是吗？”别人可能就以“喔！不是吗？”谈话结束了。（马克·吐温晚年时，某天有人这么告诉他：克里蒙先生，真是好天气！）他回答：“我已经听过了！”

“好天气！是不是？”虽然是一个可能马上结束谈话的话题，但它不一定会引出一个马上结束的回答。其实，关于天气另外还有些有趣的话题，只是我们不了解而已！总之，当你发现很难吸引你的听众打开话匣子的时候，试着用下列词句作为你谈话的引子：

为什么会这样……

你认为怎么会……

依你的见解是……

你如何来处理……

你怎么来解释……

你能举一个例子吗？

一个没意义的回答就跟提没意义的问题一样缺乏建设性。

谈话中，如果起初对方明显地反映出不喜欢讲话的时候，他可能是漠不关心、害羞、愚蠢或者他对问题缺乏兴趣。舞会中，如果你从主人口中获得同伴的某些事情，但单凭这点，还是不能把握打开沉默而引起他讲话的兴致。

如果我们使用的最后手段依然无效的话，你甚至可以弄翻一杯水来引他说话，至少由他的窘相可以稍微解除你碰钉子的尴尬。

诺伊·考尔德有过如此一句话：或许我对世界的重要性渺小，可是我对自己的重要性却很大，我必须跟自己游戏、跟自己工作、跟自己享乐、跟自己受苦。

说真的，人必须以自我为中心，如果你不再为这个基本事实畏惧时，你便可以据此来调整自己跟别人讲话。不客气地说，甚至别人的嗜好跟你不同，跟别人讨论他们有兴趣的话题对你是有利的，注意在你的自尊心尚未满足之前，你可以先满足别人的自尊心。

心理学家说，精神病患已经从自我的禁锢中开始了对外界事物、人物产生兴趣；当自我专心的情况可以反映出个人疯狂的程度时，没有人是十分理智的。我们给予别人愈多时，我们即变得愈理智；为别人考虑愈多时，别人为我们的考虑亦更多；愈尊重别人，自然我们能赢得别人更多的敬重。

如果你真正对别人产生兴趣时，就应该用言语来表达，你将与他同享祸福，当别人需要帮忙时，你将找寻帮助他们的方法，你接纳别人的教导将比你教给别人的还多。

别急着抛谈话的球，直到有人有心接受这个球，抛球的技术愈好，则游戏变得更有趣。

避免说太多的“我”

千万别让“我”字充塞在你的谈话之中，苏格拉底说：“不要说我想，而是您认为怎样。”

在一次花园俱乐部的集会里，主人在3分钟的讲话中用了26个我字。我的花园、我的篱笆、我的花业……某个熟人走到他的身边说：“很抱歉你已经失去了您的太太？”“失去我太太？”主人反问道。“不是的！她人很好，请问您花园的一切跟您太太丝毫关系都没有吗？”

亨利·福特二世描绘无聊的人为“将拳头往自己嘴巴塞的人，无聊的人也是‘我’字的专卖者。”

自说自话的人在莎士比亚舞剧中倒还说得过去，由于舞台上只有一个演员，可是在现实生活中就不然了。“我”字专卖者缺少笑话，缺少故事，缺少主见。自言自语是自我疯狂的一种行为，他对于其他人的睡眼、叹息、打呵欠，不理不睬，对其他事物的介绍感到害羞。可叹的是，患有自言自语毛病的人经常终身都不易改正。

谈话好比汽车驾驶，说话者，必须小心交通标志。交通标志一方面显示出听众对说话者的谈话内容之喜爱、注意和接受与否；另一方面又能明达他们的不耐烦、激怒或挫折。因此假使说话者看到了红灯，而不知中止谈话，他将发觉自己是造成交通拥挤的主要原因。

有时候听众可能愿意讲话者继续说下去而不打岔。即使这样，讲话者也不可忽略交通标志，若是听众真的为你才华横溢的讲话技巧所陶醉时，他们必定继续亮着绿灯，但随时小心交通标志对你来说是没有任何损失的。

讲笑话何尝不是这样？有许多人很想讲笑话来取笑别人，但大多数讲笑话的技巧并不高明，无止境地说笑话也是谈话中宜避免的。

有一次跟相隔很远5年未谋面的老友晤面，是她的丈夫陪她一起来的。记得这位男士从开始就占用了我们大部分的谈话时间，他笑话是一个接着一个讲个不休，虽说讲得并不妙，但我的朋友有意无意地鼓励他继续说下去，当他们离开时，我对他们5年前究竟有何遭遇，跟未见面时竟然没有差别。

在滑稽歌舞剧中，若是有演员在台上拖延时间时，我可以看见经理人站在戏台的两侧，伸出有挂钩的棍子，勾向拖时间的演员。因此，若是有人深为疲劳轰炸所苦的话，也应该有钩子来解救他们。

第三章

口才表达艺术

一个人说话是否中听，能否引人入胜，除了是否具有丰富的内容之外，还取决于是否掌握了口语表达的基本技巧。口语表达技巧包括叙述、说理、反驳、修辞等技巧，它们是口才的重要内容，直接影响着口才施展的成败。在社交活动中，能否掌握并运用口语的表达技巧，对于社交的成功与否，起着决定性作用。

针锋相对的反驳技巧

反驳，就是用事实和道理驳斥对方的错误主张和观点的技巧。反驳的技巧是多种多样的，针锋相对则是最常用的一种反驳技巧。

针锋相对，就是抓住对方论点的要害，直接进行反驳，或引用确凿的无可置疑的事实，或从理论上进行深入透彻的剖析，指出对方论点的错误和荒谬。这有如两军相遇，短兵相接，步步进逼，“刀刀见红”。运用针锋相对的反驳技巧，首先要在气势上压倒对方或胜过对方，这样才能居高临下，势如破竹，威震对方；其次，立论要准确，有强烈的针对性。不仅如此，而且反击的言论还应比对方高出一筹，使说话有声有势，沛然如流，具有无可抗衡的雄辩力量。这样，才能在两相对照之中，保持主动地位，克“敌”制胜。

李大钊在北洋军阀的法庭上受审时，法官何林丰杀气腾腾地要给李大钊治罪，但李大钊却因真理在手，处乱不惊，以充分的证据，反而针锋相对地把何林丰驳得体无完肤。请看下面的一段对话——

何林丰：李大钊，你听着：你自小缺少良好教育，青少年时期就不老实，天生一副反骨，处处与政府作对。走上社会之后，你一天也没有消停过……

李大钊：法官大人，你说的都是些虚夸不实的词儿。什么“反骨”啦，“消停”啦，就是说不出我有什么犯罪事实？

何林丰：你无视法庭，罪加一等！

李大钊：你这是什么法庭？我要审问你们可有根据。你主审官何林丰，曾伙同张作霖，一次就谋杀了 376 人，犯了十恶不赦的杀人罪……

何林丰（气得脸色铁青，嘴唇发抖，气急败坏）：不准你胡说八道！

在这段对话中，李大钊针锋相对的反驳，反而把反动法官何林丰推上了审判台，把反动法庭变成了正义反审罪恶的场所。

以退为进的反驳技巧

在言语交锋中，面对对方的攻击、刁难、指责和无理的要求，不直接回击或回绝，而是先做出必要的让步，承认对方观点的正确或事实可靠，然后再分析和利用其观点或事实中对自己有利的因素，从而积蓄力量，反戈一击，压倒对方，取得实际上的主动权，这就是以退为进的反驳技巧。

有这样一个故事：

萧伯纳的剧本《武器和人》演出前，剧院举行了隆重的首次公演仪式，邀请各界知名人士参加。演出很成功，许多观众在剧终时要求萧伯纳上台见见大家，接受众人的祝贺。可是，当萧伯纳走上舞台，准备向观众致意时，突然从观众席里站出一个人对他大声喊叫道："萧伯纳，你的剧本糟透了，谁要看？收回去，停演吧！"观众们大吃一惊，大家以为萧伯纳一定会气得浑身发抖，用高声的抗议来回答这个人的挑衅。谁知道萧伯纳不但不生气，反而笑容满面地对那个人深深地鞠了一躬，彬彬有礼地说："我的朋友，你说得好，我完全同意你的意见。"说着，他指了指剧场中的广大观众说："但遗憾的是，我们两个人反对这么多观众有什么用呢？我们能禁止这剧本演出吗？"两句问话，引起全场一阵响亮的笑声，紧接着是暴风雨般的掌声。在掌声中，那个故意寻衅的小丑灰溜溜地低头走出了剧场。

在这里，萧伯纳表面上同意了对方对《武器和人》剧本"糟透了、停演"的意见，然后用鲜明对比的事实予以反驳，反过来置对方于跳梁小丑的位置上，窘得对方灰溜溜地滚出了剧场。

引申归谬的反驳技巧

在言语交谈中，不直接反驳对方的错误论点，而是先假定对方的论点是“正确”的，尔后作合乎逻辑的引申和推论，使之得出荒谬可笑的结果，达到“以子之矛攻子之盾”的目的，这是一种设假为真，以结论驳倒前提的技巧。在口才实践中运用这种技巧，犹如驱马于绝壁，或登高而撤梯，使对方处于十分危险而难堪的境地。因此，引申归谬往往比直接反驳更能收到奇效。请看下例——

爱国将领冯玉祥任陕西督军时，有两个外国人私自到终南山打猎，打死了两头珍贵的野牛，还狡辩说：“我们这次到陕西，贵国的外交部发给的护照上，不是写着准许携带猎枪吗？可见我们行猎已得到贵国政府的准许，怎么是私自行猎呢？”冯玉祥马上反问：“准许你们携带猎枪，就是准许你们行猎吗？若是准许你们携带手枪，难道你们就可以在中国境内随意杀人吗？”

冯玉祥在这里运用了引申归谬的反驳技巧：准许携带猎枪，就是准许行猎；以相似事例进行类比，难道准许携带手枪，就可以随意杀人吗？这个结论显然是荒谬可笑的。以此反推，私自行猎的行为是错误的，他们的论点根本站不住脚。两个外国人对此困窘无言，只好认输。

釜底抽薪的反驳技巧

这是一种通过论证对方论据的虚假，来反驳对方论点的方法，也是一种最基本的反驳技巧。因为，论点来自论据，论据孕育论点。论据真实，则论点正确；论据虚假，则论点谬误。所以，驳倒了论据，有如釜底抽薪，刨根倒树，是从根本上展开对对方论点的反驳。

运用釜底抽薪的反驳技巧，一定要紧扣论据与论点之间辩证统一的逻辑关系。如果论据与论点之间并无内在联系，反驳论据必然落空。

据说，美国第十六任总统阿亚伯拉罕·林肯年轻当律师时，一次，他得悉朋友的儿子小阿姆斯特朗被控为谋财害命，已初步判定有罪。他以被告律师的资格，到法院查阅了全部案卷，知道全案的关键在于原告方面的一位证人福尔逊。因为他发誓说在10月18日的月光下，清楚地目击了小阿姆斯特朗用枪击毙了死者。对此，林肯要求复审。在这场精彩的复审中，有以下一段对话——

林肯问证人："你发誓说看清了小阿姆斯特朗？"

福尔逊："是的。"

林肯："你在草堆后，小阿姆斯特朗在大树下，两处相距二三十米，能认清吗？"

福尔逊："看得很清楚，因为月光很亮。"

林肯："你肯定不是从衣着方面看清他的吗？"

福尔逊："不是的，我肯定看清了他的脸。"

林肯："你能肯定时间是在11时吗？"

福尔逊："充分肯定，因为我回屋看了钟，那时是11时15分。"

林肯问到这就转过身来，发表了一席惊人的谈话："我不能不告诉大家，这个证人是一个彻头彻尾的骗子。他一口咬定10月18日晚上11时在月光下看清了被告的脸。请大家想想，10月18日那天是上弦月，晚上11时月亮已经下山，哪里还有月光？退一步说，也许他时间记得不十分精确，时间稍有提前。但那时，月光是从西往东照，草堆在东，大树在西，如果被告的脸面对草堆，脸上是不可能月光的！"大家先是一阵沉默，紧接着掌声、欢呼声一起迸发出来。福尔逊傻了眼。

在这里，林肯就运用了釜底抽薪的反驳技巧，戳穿了福尔逊的谎言，澄清了事实，彻底驳倒了福尔逊的论点，还小阿姆斯特朗以清白。

论证错误的反驳技巧

论证错误，这是一种指出对方在论证过程中违反逻辑推理法则，所运用的论据推导不出所要证明的论点，而对方却硬要去推导，因而必然导致错误的反驳技巧。

在口才表达中，揭露对方的论证方法是错误的，所用的论据是根本不可能导出其观点的，二者没有同一性，这样，对方的论点也就不攻自破了。例如：

20 世纪 50 年代末，英国电视台记者向周恩来总理提出“你是否认为中国人口众多，将来会向外扩张领土”的问题，周总理是这样回答的：“你似乎认为一个国家向外扩张是由于人口过多。我们不同意这种看法。英国的人口在第一次世界大战前是 4400 万，不算太多，但是英国在一个很长的时间内曾经是‘日不落’的殖民帝国。美国的面积略小于中国，而美国的人口还不及中国的五分之一。但是美国的军事基地遍及全球，美国的海外驻军达 150 万人。中国人口虽多，但是没有一兵一卒驻在外国的领土上，更没有在外国建立一个军事基地。可见，一个国家是否向外扩张并不决定于人口的多少，而决定于它的社会制度。”

英国电视台记者将一个国家向外扩张、侵略与这个国家人口众多联系起来，显然是十分荒谬的。周总理看出了记者在论证方法上的逻辑错误，论据与论点之间没有必然的联系，因此用历史和现实的事实，指出其支撑论点的论据是片面的、虚假的、不能成立的，从而有力地证明了其论点的荒谬。

运用比喻的技巧

比喻，是一种常用的修辞方法。所谓比喻，就是我们平常所说的“打比方”。它是根据两类不同事物之间的相似点，用乙事物来说明或描摹甲事物。运用比喻可以把人们感到陌生的东西变为熟悉的东西；把深奥抽象的道理表达得浅显具体；把平淡无奇的事物描绘得生动形象。有时候，人们要不用比喻，简直不知道怎样把事情说明白。

比喻有以下两个特点：

1.比喻包含着三个基本要素，即被比喻物、比喻物和相似点。被比喻物和比喻物必须是两个本质不同的事物。

2.被比喻物和比喻物之间不仅要在某一点上相似，有时还要用“像”“是”“仿佛”等比喻词来连接。

根据被比喻物、比喻物和比喻词出现的不同情况，可把比喻分为三种基本类型：明喻、暗喻、借喻。

一、明喻

就是明显地直接地打比方，因此又叫直喻。在明喻中，被比喻物、比喻物都出现，中间用“像、如、似、仿佛、犹如”等比喻词联系，表明两者的相似关系。它的基本格式是“甲像乙”。请看毛泽东1939年5月20日在延安在职干部教育动员大会上讲话中所运用的比喻：

> 过去学的本领只有一点点，今天用一些，明天用一些，渐渐告罄了。好像一个铺子，本来东西不多，一卖就完，空空如也，再开下去就不成了，再开就一定要进货。我们干部的“进货”，就是学习本领，这是我们许多干部所迫切需要的。

毛泽东的这段话，用的便是明喻的修辞方法。“好像”是比喻词。

二、暗喻

这是一种不明显的比方，它直接把被比喻物说成比喻物，因此，又称“隐喻”。在暗喻中，被比喻物和比喻物都出现，中间用“是、成、当、做、变成、成为”等喻词连接。它的基本格式是“甲是乙”。

1920年6月7日，毛泽东从北京到上海后，给在北京从事教育工作的黎锦熙写了一封信，信中先叙叙自京一别以来20多天在路途游览的情况，而后大量的篇幅是谈求学做学问的看法和自己的打算。他在信中说自己希望凭自己的兴趣去研究学问，认为自由研究，只要有规律，有方法，未必全不可能。在讲到学习外语时，他说：“外国语真是一张门户，不可不将它打通，现在每天读一点英语，要是能够有恒，总可稍有所得。”

“外国语真是一张门户”，就是用的暗喻这种修辞方式。毛泽东用这种修辞方式说明了外语在做学问当中的重要性。

三、借喻

借比喻物来代替被比喻物的比喻，叫借喻。在借喻中，被比喻物和比喻词都不出现，直接借比喻物来代替被比喻物，它的基本格式是“乙代甲”。例如：

1906年秋天，少年毛泽东转到井弯里毛宇居先生的私塾读书。一次，毛泽东因对私塾的陈规陋习和古板教学方法不满而受到先生的斥责，先生还罚他作一首赞美天井的诗。毛泽东围着天井转了两圈，便高声诵道：

“天井四四方，周围是高墙。清清见卵石，小鱼囿中央。只喝井里水，永远养不长。”

同学们听了都拍手叫好，先生却弄得很尴尬。

这首《赞天井》诗，用的就是借喻的手法，将私塾封闭式的教学方法比作周围是高墙的天井，把束缚其中的学生比作小鱼。“只喝井里水，永远养不长”，比喻用这种死板的教学方式永远也培养不出有用的人才。

运用比拟的技巧

比拟，就是借助想象力，把物当作人或把人当作物来描绘。正确地运用比拟，可以使听者不仅对讲话者所表达的事物产生鲜明的印象，而且能感受到讲话者对该事物的强烈的感情，从而引起共鸣。

比拟是一种常见的修辞手法，它分为“拟人”与“拟物”两种。

一、拟人

拟人，就是把物当作人来描写，临时赋予物以人的思想、感情、行动、言语。有这一样一则故事——

有人写信问马克·吐温：“为什么美国的阔佬们都不喜欢你？”

马克·吐温在报纸上写了一个故事，权当回信：

一只母苍蝇生了两个儿子，母苍蝇把这两个儿子视如掌上明珠。一天，母苍蝇对两个儿子说：“今天老娘带你们去美餐一顿。”说完，娘仨儿就一起来到一家糖果店，有个儿子想尝尝橱窗里包装精美的糖果，不料，刚一落上，就浑身颤抖不已，随后便一命呜呼。原来，美国糖果公司的产品有毒。

母苍蝇悲痛万分，从此，不准另一个儿子吃糖。这一天，相依为命的母子俩跑到一家食品店，小苍蝇刚舔了一下香肠，突然一头栽倒在地，抽搐不止，转瞬间便命归黄泉。原来，香肠已被毒素感染。这是美国食品公司的产品。

母苍蝇连失爱子，痛不欲生，便扑到一张灭蝇纸上大吃大嚼，想一下子结果了自己的性命。谁知，灭蝇纸吃了几大张。她竟安然无恙。原来，灭蝇纸无毒。这是美国灭蝇纸制造厂的产品。

这则幽默的讽刺信，采用的就是“拟人”的修辞手法。马克·吐温将苍蝇赋予了人的思想、感情、言语、行动，借苍蝇之死，辛辣地讽刺了糖果等制造商们（阔佬们）的伪劣产品。

二、拟物

拟物，是把人当作物来描绘，临时赋予人以物的情态、动作。

例如，毛泽东多次告诫全党同志不要因为革命胜利了而骄傲自大起来，他曾经用“牛皮不要吹得太大，尾巴不要翘起来”来比拟。尾巴本为动物所有，毛泽东将骄傲自大的人说成是“尾巴翘起来”的动物，既生动又形象，寓意深刻。他采用的就是“拟物”的修辞手法。

在口才表达中，运用比拟，要求做到：其一，要有鲜明的感情色彩，说“侵略者夹着尾巴逃跑了”，是基于对侵略者的憎恨；说“人民用乳汁哺育了我”，是基于对人民的热爱。其二，进行比拟的人或物在性格、形态、动作等方面要有相似或相近之点，能引起人们的想象。其三，要分清比拟与比喻的区别：比拟的基础是本体事物和拟作事物的相融关系，拟作事物并不出现；比喻的基础是本体和喻体是相似关系，即以喻体去说明本体。

运用借代的技巧

借代又称替代、换名，指不直接说出要表述的人或事的本来名称，而借用与该人或该事有密切关系的东西来代替的一种修辞方法。运用借代，可以使语言形象、简练，使人产生想象和联想，获得鲜明、深刻的印象。

借代的方式很多，主要有以下几种：

一、特征代本体

特征代本体，就是用人或事物形象上的特征来代替人或事物的名称。例如：

唐朝大历年间，荆州有个名叫冯希乐的人。这人没什么才学，但却极会溜须拍马，花言巧语谄媚骗人。

一天，他去拜访长林县的县官，几句话就把那县官奉承得特别高兴。县官忙吩咐侍从设置酒宴来款待他。席间，冯希乐又吹捧县官说："大人，您在长林广施仁德教化，连虎狼都被您感动得离开了这里……"话还没说完，就有人来向县官报告说："昨天傍晚，山南村有个斑子把人给吃了。"

县令听了这个报告，问冯希乐说："先生说虎、狼都离开了这里，怎么又有老虎吃人？"冯希乐说："这斑子肯定是临时经过这里。"

因虎身有斑纹，所以人们根据它的这一特征，用"斑子"代称"老虎"。这就叫"特征代本体"，也叫"旁代"。

二、具体代抽象

具体代抽象，就是用具体的事物名称来代替抽象事物的名称。请看下例——

有那么一家子，父子俩人相依为命。一天，父亲要出门，临走时，嘱咐儿子说："我走后，你在家把门看好。"儿子爽快地答应了下来。

父亲走后，儿子两眼直盯着大门，一点儿也不敢分心，生怕门没看好。不久，村公所传来唱戏的声音，他想去看，可是还得在家看门。后来，他灵机一动，把大门拆了下来，扛在肩上，便去看戏了。谁知，他看戏的工夫，一群窃贼进了他家，把屋里的东西洗劫一空。

父亲回家一看，大为恼火，训斥儿子说："不是叫你看门吗？怎么把东西都丢了?”儿子委屈地说：

“这怎么能怨我，门不是在这儿吗?”

父亲所说的“看门”的“门”，是“照看家”的意思，由于那位傻小子不明白这一点，所以费了大力扛着门，还是把家里的东西全丢了。

三、部分代整体

部分代整体，就是用事物最显著最有代表性的部分来代替整体事物的名称。有这样一则故事：

朱元璋做皇帝不久，一天，他突发雅兴，派人招来宫廷画师周玄素，命令他立即着手在大殿的墙壁上绘制巨幅《天下江山图》。

周玄素听后心想：这偌大的江山，仅凭一幅画怎么表现得了呢？再说，假如自己动笔时稍有不合皇上心意之处，恐怕自己的脑袋就得搬家。于是，他上前谢罪说：“微臣才疏学浅，又未曾遍迹天下九州，实不敢奉诏。臣下斗胆恳请陛下启动御笔，勾勒本图规模，臣从而润色一二。”

朱元璋见他说的在理，便当即提起御笔，唰唰唰，在墙上草画出一幅《天下江山图》的大致轮廓。随后，便对周玄素说：“朕已构建了草图，你加以润色吧!”

周玄素看了看草图，又启奏道：“陛下江山已定，岂可再有改动!”这一语双关的话，让朱元璋听了大为高兴，赏了周玄素白银三百两，画画的事也作罢了。

为什么周玄素的一句“江山已定”，就说得朱元璋喜上眉梢，而自己又得以解脱了呢？原来，这话是一句双关语，它表面是说，这幅《天下江山图》陛下已经画好了，我不便改动；而更深的一层意思则是：陛下的政权已经非常牢固，谁也无法动摇。朱元璋是绝顶聪明的人，自然明白周玄素的婉言拒绝的用意。但这深层含义很能迎合朱元璋的心理，把他拍得心里甜滋滋的。所以，他不但没怪罪周玄素，还破例奖赏了他。

那么,“江山”与“政权”有什么关系呢?原来,这是运用了借代的修辞手法。“江山”本是江河山岭的简称,人们借它们来代指所有的国家领土,这便是以部分代整体;占据领土,统治一国,就是掌握政权,因而,“江山”又借来代指国家政权,这则是以具体代抽象。

运用对比的技巧

对比又叫对照,就是把同一事物的两个不同方面或两种对立的事物放在一起做比较的修辞方法。请看下例:

爱因斯坦提出“相对论”的理论观点之后,不少人登门向他求教。爱因斯坦解释说:“比方说吧,你同最亲爱的人坐在火炉旁,一个钟头过去了,你好像只过了5分钟;反过来,你一个人孤单地坐在炽热的火炉旁,只坐了5分钟,但你却好像已经坐了一个小时。这,就是‘相对论’。”

爱因斯坦的这个比喻,不仅用通俗易懂的语言解释了深奥的“相对论”,也为我们的“对比”修辞方法提供了形象的说明。他的比喻,便是通过同一事物的两个不同方面的相互比较来表现的。

对比的构成方式有两种:一是一物两面对比,二是两物对比。

一、一物两面对比

一物两面对比,就是把同一事物的两个不同方面放在一起描写和议论。爱因斯坦对“相对论”的解说,便是用的这种方法。再看一例:

爱因斯坦还没成名的时候,有一天在街上碰到了一位熟人。那人见他的衣着寒碜,便问:“你怎么穿得这样破旧?”

爱因斯坦笑着说:“反正这里没人认识我。”

几年后,爱因斯坦成了科学界的著名人物。也巧,一天,爱因斯坦又在街上遇到了那位熟人。他上下打量了一下这位科学巨人，诧异地问："你怎么还是穿得这样破旧？"

爱因斯坦依旧微笑着说："反正现在这里的人都认识了我。"

这则逸事通过爱因斯坦成名前后的对比，突出了这位科学家的品格、胸怀。

二、两物对比

两物对比，就是把两个本质截然不同的事物放在一起来描述。例如：

冯骥才的《神鞭》中，有一段关于中国人和洋人的有趣对比：

"三爷不知，洋人和咱们中国人习俗大不相同，有些地方正好相背。比如，中国人好剃头，洋人好刮脸；中国人写字从右向左，洋人从左向右；中国人书是竖行，洋人是横排；中国人罗盘叫'指南针'，洋人叫'指北针'；中国人好留长指甲，洋人好留短指甲；中国人走路先男后女，洋人走路先女后男；中国人见亲友以戴帽为礼，洋人就以脱帽为礼；中国人吃饭先菜后汤，洋人吃饭先汤后菜；中国人的鞋头高跟浅，洋人的鞋头浅跟高；中国人茶碗的盖儿在上边，洋人茶碗盖儿在下边。你刚才在贝哈姆先生家把碟子当碗盖儿，盖在茶碗上，当然人家笑话你了。"

在这里，作者运用了一系列排比式的对比，说明封建社会末期的中国人与洋人的"大不相同"。

"对比"也是一种常见的修辞方法，运用得好，可以揭示事物的矛盾，增强说话的表现力、说服力，给人以深刻的启迪。

运用夸张的技巧

夸张又称夸饰、扬厉、增语，是在本质真实的基础上，通过主观的想象，用语言把所要描述的客观事物合情合理地给予夸大或缩小的一种修辞手段。它能加强语言的表达力量，从而激起听者的

强烈共鸣。

夸张可分为夸大、缩小两种类型：

一、夸大

夸大，是有意将事物的形态、性质、作用、程度、数量、速度等加以扩大。例如：

一位顾客正在饭店吃饭，突然，嘎嘣一声，他咬着了一粒大沙子。于是，他把沙子吐到碗里，高声喊道："服务员，快来帮忙！"在场的人吃了一惊，不知发生了什么事，纷纷朝他望去。服务员也赶忙跑到他的面前。谁知，他竟指着饭碗，不慌不忙地说："碗里有块石头，请您帮忙把它抬出来！"

"碗里有块石头"是真，但要"请您帮忙把它抬出来"，显然是夸大了"石头"的形体、重量。不过，也正是因为这种夸大，才造成了强烈的幽默讽刺效果。

二、缩小

缩小，是有意将事物的形态、性质、作用、程度、数量、速度等加以微缩。例如：

在一辆拥挤的公共汽车上，一个小青年对使劲挤他的人高声说："别挤了，再挤，就成照片了！"

公共汽车上"挤"是真，但再挤也不至于把人挤成照片，这里是有意将事物的形态缩小了。

夸张，是人们喜闻乐见的修辞手段，但它也有两面性。运用得好，可以渲染强调你所描述的事物，给人留下突出的印象；而运用失当，则会让人觉得你是主观臆造、随意浮夸，给人留下笑料。因而，在运用夸张这种修辞方法时，有几点不能不注意：

其一，夸张不能脱离客观现实。夸张虽是言过其实，但必须是以客观现实作为基础，绝不能无中生有。不然的话，就失去了夸张的作用，成为笑谈了。

其二，夸张要适度。夸张除了要以客观事实为基础外，还要掌握“度”的分寸。既不能夸张过头，也不能夸而不足。夸张过头，会给人不真实的感觉；夸张不足，又会让人误以为是真事，起不到渲染强调的效果。

其三，夸张应是真情实感的流露。没有真情实感，捏造出来的夸张，只会使人感到生硬、不自然。

顺叙和逆叙技巧

顺叙和逆叙也是比较常用的叙述技巧。

顺叙是按照一定的时空发展顺序来叙述人物、事件、事物、情况的方法。这是一种最常见、最基本的叙述技巧。顺叙主要有两种：一种是按照人物成长过程或事件发生、发展、高潮、结局的时间顺序加以叙述；一种是按照人物活动或事件发展的空间顺序加以叙述，如由近到远，由左到右，从上到下，从内到外等。口才表达大多采用顺叙。这是因为顺叙符合客观事物发展的一般规律，其长处是有头有尾，条理清楚，脉络分明，能突出人物、事件、事物、情况发展及变化的过程，听起来顺当，易于理解和接受；不过，顺叙也有不足之处，即容易流于罗列，平铺直叙，成为流水账，显得平板单调。因此，在口才实践中，运用顺叙，一定要善于剪裁，处理好详略、主次、轻重的关系，切不要平均使用力量。

逆叙，又称倒叙，是将事件的结局、高潮或某个突出的片段提到讲话的开头，然后再按事件发生、发展的顺序一一道来。倒叙并非将整个事件都倒过来叙述，只是将最吸引人的场面、情节，或矛盾的焦点甚至结尾提前告诉听众，其他的仍然按顺叙来说。逆叙的好处是有利于造成悬念，使听众急于探本溯源；前后易位，还有助于造成整个讲话的主导性氛围，定下讲话的基调；一开头就波澜骤起，能产生先声夺人、引人入胜的效果。但要注意，使用逆叙的技巧，一定要从口才表达的实际需要出发。不可片面地追求奇突，为逆叙而逆叙，矫揉造作，故弄玄虚。

合叙和分叙技巧

在叙述技巧中，还有两种技巧，这就是合叙和分叙。

合叙又称总叙，就是在叙述人物、事件、事物、情况时，先作一个总的概括，然后再分头陈述；或先总括地提出自己的观点，下面再分别用典型实例来论证；或先叙述总的情势，再分叙各种新的发展状况，最后再作总结。在一般情况下，合叙与分叙是密不可分、结合在一起的，往往在分叙之前和之后都有合叙。例如，李燕杰的《国家、民族与正气》的演讲，第一个小标题《爱国之心》是这样开头的：

祖国是神圣的。

爱国主义就是对于祖国的热爱，就是“千百年来巩固起来的对自己祖国的一种最深厚的感情”。这种热爱或感情根深蒂固地埋植在人民的心里，成为道义上的一种巨大力量。翻开世界史，有哪个国家的人民不主张爱国？又有哪个国家的人民不把爱国主义精神看作是一种伟大而崇高的心灵美呢？

李燕杰在列举了国内外的典型实例后，最后又做了这样的概括：

历史上，真正成就大事业的人都是把祖国的命运与自己的命运紧紧地联系在一起的。在他们的灵魂深处，始终跳动着一颗追求至真、至善、至美的爱国之心。

这两段话都是合叙。合叙的功用，在于做到观点鲜明、线索清楚，使口语表达内容的结构纵横交错，变而不乱。

分叙又称平叙，指叙述同一时间内在不同地点发生的两件或几件事。由于口语交际的限制，不可能将两件以上的事情同时叙述，于是就出现了评书中常用的“花开两朵，各表一枝”的手法，这就是分叙。上面所举李燕杰的《国家、民族与正气》演讲第一部分《爱国之心》中，在前后合叙之间，列举了肖邦、贝多芬、屈原、文天祥热爱祖国的典型事例，就采用了分叙的手法。

合叙与分叙的有机结合形成了严谨、完整的逻辑结构。采用分叙的手法，可将作为论据的不同典型实例安排妥帖，为共同论证基本论点服务；或将头绪纷繁、错综复杂的事情，说得眉目清楚，有条不紊，且有波澜起伏的变化。

特叙和复叙技巧

特叙和复叙，也是常用的口语叙述技巧。

特叙，指在口才表达中，对意思侧重的内容，进行特别详尽、着重的叙述，以示强调。如闻一多的《最后一次演讲》就运用了特叙的手法：

你们杀死一个李公朴，会有千百万个李公朴站起来！你们将失去千百万的人民！你们看着我们人少，没有力量？告诉你们，我们的力量大得很，强得很！

看今天来的这些人，都是我们的人，

都是我们的力量！此外还有广大的市民！

我们有这个信心：人民的力量是要胜利的！真理是永远存在的。历史上没有一个反人民的势力不被人民毁灭的！希特勒、墨索里尼，不都在人民面前倒下去了吗？翻开历史看看，你们还站得住几天！你们完了，快完了！我们的光明就要出现了。我们看，光明就在我们眼前，而现在正是黎明之前那个最黑暗的时候。我们有力量打破这个黑暗,争到光明,我们的光明,就是反动派的末日!

采用特叙的技法,能突出地表现事物的本质、特征、功用和意义,使自己的观点得到充分的发挥,对一切丑恶事物给以无情的鞭挞和批判。

复叙又称复述,它不同于重复啰唆,而是为了突出某种思想,强调某方面的内容,表达深切、浓烈的感情,增强话语的节奏感,往往有意识地连续或间隔地反复使用某一词语或句子。如景克宁的《诗人与诗》的演讲,就运用了复叙的手法:

所以,我认为:

诗,应该像普罗米修斯盗取的天火,给人间带来温暖与文明。

诗,应该像司美和爱的女神维纳斯,给人间带来幸福与花朵。

诗,应该像太阳之神阿波罗,给人间带来光明与生命。

……诗人的笔,要敢于蘸着自己的血,让诗篇鲜红,向黑暗宣战。

诗人的诗,要敢于捧出自己的心,像燃烧的火焰,为光明献身。

这里由于采用了复述的技巧,形成了一种磅礴的气势,具有震撼人心的力量;同时使话语回旋跌宕,层次分明,语脉连贯,构成了言语的反复美、整齐美和韵律美。

归纳说理技巧

说理是以立论为主,即以摆事实、讲道理、辨是非、决违从为宗旨的口语表达技巧。归纳说理是其中的技巧之一。

所谓归纳说理,即是通过若干个别事例,概括它们的共同属性,综合它们的共同本质,从而得出一个反映普遍规律的结论的说理技巧。其特点是从个别到一般,符合人们认识活动的规律。人们对客观事物的认识,通常总是先认识许多个别的特殊的事物,然后再逐步扩大到一般的事物；由认识不同事物的特殊本质，进一步概括出诸种事物的共同本质。亚里士多德在《论辩篇》中指出："归纳法是有说服力和简单明了的，从感性认识的观点看来是比较方便和简单易行的。"所以在说理论证中运用得比较普遍。例如，吕元礼的《祖国——母亲》的演讲词中有这么一段话：

> 历史上，多少中华儿女像热爱自己的母亲那样热爱自己的祖国。屈原抱石投江，为的是祖国；文天祥慷慨悲歌，为的是祖国；陆放翁留诗示儿，为的是祖国；谭嗣同面对刀俎，脸不变色，"我自横刀向天笑，去留肝胆两昆仑"，他念念不忘的也是祖国；抗日民族英雄吉鸿昌就义时，慷慨悲歌"恨不抗日死，留着今日羞。国破尚如此，我何惜此头！"他视死如归，甘洒热血，所报效者还是祖国。为了祖国，一代又一代的英雄儿女献出了自己的热血和生命。

这里就运用了归纳说理的技巧。在这段话中，"多少中华儿女像热爱自己的母亲那样热爱自己的祖国"一句，是论点，下面列举归纳的根据，用屈原、文天祥、陆放翁、谭嗣同、吉鸿昌的英雄事迹来证明论点的正确。

运用归纳说理技巧，一要事例典型，二要事例真实，而绝不能任意罗列材料，将个别情况当作普遍真理。必须认真分析各个事例之间内在的逻辑关系，从就事论事进到就事论理，结论才可能是正确的。否则，就会犯"轻率概括"和"以偏概全"的错误。

运用双关的技巧

双关，就是有意利用语义和语音的条件，使词语或句子具有双重含义的修辞方法。运用双关，可以使语言幽默、含蓄，富有风趣，耐人品味。

根据表现形式和语义内容，可把双关分为"语义双关"和"谐音双关”两类。

一、语义双关

语义双关，就是利用词语或语句的多义性构成的双关。例如：

1949 年国共谈判时，毛泽东分别接见国民党政府的代表。4 月中旬的一天，刘斐先生得到接见，他忐忑不安，不知怎么开口。毛泽东说：“你是湖南人吧？”刘说：“是，我是醴陵县人，与你是邻县，老乡。”毛泽东高兴地说：“老乡见老乡，两眼泪汪汪。”这一来，刘斐的紧张心情就减去了大半。接着，毛泽东又和刘斐谈起共同关心的问题。刘斐对于和谈的前途尚有疑问，就试探地问毛泽东：“您会打麻将吗？”毛泽东回答：“晓得些，晓得些。”“您爱打清一色呢，还是喜欢打平和？”毛泽东听出刘斐话中之意，就笑言道：“平和，平和，只要和了就行了。”

刘斐忧虑和谈的前途，却又不好直言相问，所以就借“打麻将”来个“投石问路”，一语双关地探询毛泽东对谈判的诚意。毛泽东明察秋毫，自然听出了弦外之音，然而他理解对方的心理，便接过对方原话题，也来了个一语双关——“平和，平和，只要和了就行了”，含蓄而诚恳地表达了对和谈的诚意。寓意深长的一番谈话，终于使刘斐疑虑顿释。

这里，毛泽东和刘斐所用的，就是利用语句的多义性构成的双关语。

二、谐音双关

谐音双关，就是利用音同或音近的条件构成的双关。例如：

有一年，周恩来到云南西双版纳视察，当时的景洪城还没有铺上柏油马路，路况非常差。周总理对陪同的州委负责人说：“你们这个路啊，下雨是‘水泥路’，天旱是‘扬灰路’。”这里，周总理就是运用谐音双关的修辞方法对当地道路提出了批评。

在口才表达中，运用双关要求做到：其一，要巧妙运用语境及其相关条件，赋予言语以双关内容，从而收到出语惊人的效果；否则，不但收不到预期的效果，还会给人以卖噱头、耍贫嘴之嫌。其二，不可单纯追求风趣和含蓄，又不能过于直露，而要用得恰到好处，使人能体会得到、寻味得出即可。

运用易色的技巧

易色，就是在语言表达时，根据表达的需要，临时改变词语的感情色彩或语体风格色彩的修辞方法。

易色一般分为两类：

一、感情易色

有些词语在表达基本意义之外，同时还具有褒贬色彩。带有褒义色彩的词，表达的是说话人对所说事物的褒扬、赞许、喜爱的态度；带有贬义色彩的词，表达的是说话人对所说事物的憎恨、厌恶、贬斥的态度。一般说来，我们在表达时，所选的词语应褒贬得当，但有时为了表达的需要，故意打破这一规律，让褒贬“反串”。这就是感情易色。感情易色能表达一种更为强烈的爱憎喜恶情感。感情易色可有两种情形：

一种是化褒为贬。

化褒为贬就是将原来具有褒义感情色彩的词变为贬义词用。例如——

毛泽东在《反对党八股》一文中有这样一段话：“党八股也就是一种洋八股。这洋八股，鲁迅早就反对过的，我们为什么又叫它做党八股呢？这是因为它除了洋气之外，还有一点土气。也算一个创作吧！谁说我们的人一点创作也没有呢？”

“创作”本是一个褒义词，作者在这里是作贬义词用的。

另一种是化贬为褒。

化贬为褒就是将原来具有贬义感情色彩的词变为褒义词用。例如——

邓小平在《目前的形势和任务》讲话中有这样一段话："我们全党全民要把这个雄心壮志牢固地树立起来，扭着不放，'顽固'一点，毫不动摇。"

"顽固"本是贬义词，作者在这里是作褒义词用。

二、语体易色

有些词语在表达基本意义外，同时还带有很强的语体风格色彩。一般说来，在语言表达时，词语的语体色彩与某一类语体要适应，这样才能造成与被表达内容相吻合的言语格调和气氛，提高交往效果。但有时则有意违背这种适应关系，以造成某种特殊的修辞效果，这就是语体易色。例如——

从前，有个姓朱的财主制定家规，他对长工们说："在我们家里，说话要文雅。叫我要称'自家老爷'，不要随便说出'朱'字；吃饭要说'用餐'，睡觉要说'就寝'；生病要说'有恙'，病好要说'康复'；死了要说'逝世'，杀死坏人要说'处决'。这样，才显得我们家有教养。"

可是，这一套不是所有长工都马上能学会的。一天，财主家的一头猪忽然得了瘟疫，一个小长工就急匆匆地向朱财主报告说："有一头'自家老爷''有恙'，叫它'用餐'它不用，叫它'就寝'它不就，恐怕不得'康复'了。"

朱财主一听，气得连话都说不出来。小长工见财主没作声，接着说："要不赶快'处决'了它，这头'自家老爷'马上就要'逝世'了。"

这段幽默就是用语体易色修辞方法造成的。"用餐""就寝""有恙""康复""逝世"都是庄重、文雅、规范的词语，拿它们来描述粗俗低级的事物，显然"违反"了语体色彩与某一类语体的适应关系，让你不由得不笑。这就是运用易色技巧所产生的作用。

类比说理技巧

所谓类比说理，就是将两类或两个某些属性相同或相似的事物放在一起比较，从而得出有关结论的一种证明或说理的技巧。“类”指类似，“比”指比较。类比的过程，是由表及里的过程。如果说，类比的事物是“表”的话，那么，借助类比所证明的事物或道理就是“里”。从个别到个别，是比较类推这一表达技巧的根本标志。大家熟知的《战国策·齐策》中的《邹忌讽齐王纳谏》，就采用了类比说理的技巧：

邹忌修八尺有余，而形貌昳丽。朝，服衣冠，窥镜，谓其妻曰：“我孰与城北徐公美？”其妻曰：“君甚美，徐公何能及君也！”城北徐公，齐国之美丽者也。忌不自信，而复问其妾曰：“吾孰与徐公美？”妾曰：“徐公何能及君也！”旦日，客从外来，与坐谈，问之客曰：“吾与徐公孰美？”客曰：“徐公不若君之美也。”明日，徐公来，熟视之，自以为不如，窥镜而自视，又弗如远甚。暮，寝而思之曰：“吾妻之美我者，私我也；妾之美我者，畏我也；客之美我者，欲有求于我也。”

于是入朝，见威王曰：“臣诚知不如徐公美，臣之妻私臣，臣之妾畏臣，臣之客欲有求于臣，皆以美于徐公。今齐地方千里，百二十城。宫妇左右莫不私王，朝廷之臣莫不畏王，四境之内莫不有求于王。由此观之，王之蔽甚矣。”

王曰：“善。”乃下令：“群臣吏民，能面刺寡人之过者，受上赏……”

在邹忌讽齐王纳谏的故事中，邹忌由“妻私我、妾畏我、客有求于我”，因而“我虽不如徐公美，却都说我比徐公美”的事实，与齐国“地方千里，百二十城，宫妇左右莫不私王，朝廷之臣莫不畏王，四境之内莫不有求于王"的事实相比较而形成的共同之处作为前提,进而由自悟"受蒙蔽"到推出"王之蔽甚矣"的结论。前提与结论既抓住了本质属性,推论又具有内在的联系,因而产生了强大的说服力。

在说理技巧中,还有分析说理、直言说理、引证说理、例证说理、对比说理、因果说理等技巧。在社会交往活动中,应根据具体情况灵活运用这些技巧,从而把道理讲得更加明白、深刻,达到更加理想的口语表达效果。

其他表达技巧

在口才表达技巧中,除了叙述、说理、反驳、修辞等基本技巧外,还有几种常用的表达技巧。主要有:

一、委婉曲折法

在人际交往中,说话直来直去,固然是个优点,但不分对象、场合地直言,就有可能变成缺点。在某种情况下,话不可不说,又不可直说,还要让对方听懂,这就应学习兵法上所说的"奇胜"之术,放弃正面强攻,采用迂回战术,从侧翼、从背后、从其意想不到的方面出奇兵,最后突破对方防线。也就是运用委婉曲折的言辞,即婉言,来顺利达到说话的目的。其特点是不开门见山说话,不直截了当表态,避免同对方作短兵相接的交锋,而是用某种载体或外衣,将所要表达的意思做些伪装和掩饰,使对方能听出"弦外之音""言外之意"。运用这种口才表达技巧,要善于避开对方的忌讳点,绕道而行,选择对方感兴趣的话题谈起,不要过早暴露说话的意图,而是按照预定的迂回路线,步步靠近。当对方跟着你走完一段路程的时候,他已经不自觉地向你的观点投降了。这种口才表达技巧,有曲径通幽之妙。

二、无效应对法

在口才实践中，对于那些不能或不愿明确回答的问题，可以采用无效应对的表达技巧。所谓无效应对，就是在答话中不提供对方所需要的任何信息，对所提问题不做实质性回答，回答了等于没有回答，但又不致使对方难堪。在日常生活、工作中，尤其是在外交事务中，无效应对是经常使用的。在不能说、没得说却又非说不可的情境下，就只能说些无效应对式的废话来加以应付、搪塞。运用无效应对的技巧，一定要注意目的非常明确和把握对象、场合这两点，不可故弄玄虚，否则会引起对方的不满、反感甚至恼怒；同时还要注意在对方可以理解、接受和自己不得已而为之的前提下，正确运用无效应对的技巧。例如：

在一次记者招待会上，一位日本记者问国务院副总理兼外交部部长陈毅，中国的第三颗原子弹什么时候爆炸，陈毅外长回答说："中国爆炸了两颗原子弹，我知道，你也知道。第三颗原子弹可能也要爆炸，何时爆炸，请你等着看公报好了。"

第三颗原子弹何时爆炸，属于国家机密，不可泄漏。称"无可奉告"亦可，但显得太正儿八经。于是，陈毅外长用了无效应对的方式，用开玩笑的口吻说："请你等着看公报好了。"说了等于没说，但毕竟说了。记者心领神会，为陈毅幽默诙谐的谈吐所倾倒。

三、模糊其说法

话要说得清晰准确，这是就一般言语环境中的表达需要而言的。但在某种特定场合，运用模糊其说比使用清晰准确的语言更能达到理想的效果。所谓模糊其说，并不是糊里糊涂，不知说的是什么，而是在言谈中留有余地，使听者无懈可击。众所周知，在中美建交谈判时，讨论到台湾问题，双方分歧很大。由于双方互不妥协，一度使谈判陷入僵局。后来在周恩来总理的启发引导下，基辛格改变思路，采用了模糊其说的表达方式："美国认识到，在台湾海峡两边的所有中国人都认为只有一个中国，台湾是中国的一部分。”基辛格说出这段话后，颇为得意地问：“怎么样？”周恩来略做沉吟，答道：“台湾海峡两边的所有中国人都认为只有一个中国——这可是一项绝妙的发明！博士到底是博士。”从而打破了僵局，使谈判获得成功。可见，模糊其说可使言辞富有弹性，以虚避实，留有余地，进退自如。

四、耻辱同受法

面对对方侮辱人格、损害尊严的言行举止，除反唇相讥外，还可采用耻辱同受的表达技巧。所谓耻辱同受，就是抓住事物之间的对立、连带关系，提出一个反映事物之间紧密联系的命题，将对方与自己关联、纠缠在一起，造成耻辱同受的态势。这样，就能消除对方的攻势，迫使对方放弃所提出的无理要求和行动，或者反辱其自身。大家熟知的“晏子使楚”“刘邦对项羽所说的‘吾翁即若翁’”的故事，都是耻辱同受的典型例证。不过，运用耻辱同受的口才表达技巧，首先要注意保持自己情绪的稳定，能够委屈自己，以甘愿自辱来达到辱及对方的目的；其次，要注意关涉交往双方耻辱的命题立论正确，能从事理、伦理、道义、气势上制服对方。

安慰的口才

在日常生活中，我们常常得到别人的安慰，反过来，我们也要懂得怎样去安慰他人。安慰他人是自己应尽的义务。

安慰他人首先要有真切的同情心，因为同情是安慰他人的基础。所谓“同情”，就是要有共同的感情。所以，如果你要安慰别人，就先要了解他的整个思想、心理过程及具体困难，然后再做耐心、细致的思想工作，并适当地提出一些解决困难的具体办法。其次，安慰的目的是为了启发他人自我解脱，所以安慰时，应紧紧围绕这个中心，来启发对方“想开一点”。人在遭受打击时，往往会有一种孤独、苦闷、消沉的感觉，想问题也容易钻“牛角尖”，片面地扩大其消极方面，难以体会到事物的积极意义。这时，迫切需要安慰和启发，使其从苦闷中解脱出来，看到积极方面。

安慰他人，要讲究艺术，讲究技巧。

一、选取恰当的时机

安慰人是要讲究一定的时机的，时机恰当，才能收到预期的效果。比如对丧亲者的安慰，就是当你一听到消息，就应该立刻出现在丧亲者的面前。你及时出现在他的面前，就表明了你对他的关心和思念。而这种关心和思念，正好填补了他心灵上的空缺，安抚了他感情上的伤痕。

再如，当得知你的朋友失恋的消息时，你也应该立即赶到朋友面前。见面后，不要马上问他是怎么回事，而是要任凭他宣泄自己的感情。一个人在内心痛苦时，总愿意在亲友面前宣泄自己的情绪，或借酒浇愁，或痛哭流涕，或喃喃自语。待他宣泄完，内心稍平静后，你的安慰的话才能发生作用。

二、从侧面去宽解别人

安慰的话有时要委婉含蓄，尤其面对丧亲者，最好的方法是不要提及死者，以免又撩起对方的悲哀。从侧面去宽解别人，有时会达到更好的效果。比如你去安慰一个病人，就不要直接问病人关于他详细的病状和调治的方法，这些他也许多次对人讲过了，如果你还唠叨个不停，就等于骚扰病人了。给他讲点有趣的新闻和他所关注的事情，效果会更好。

三、在安慰中给予鼓励

有位文科大学生毕业后自己去闯荡，但一年多时间过去了，工作仍无着落，于是整天在家唉声叹气。面对沮丧的儿子，父亲语重心长地安慰他说：

“对你现在的心情，我们做父母的是非常理解的，我们也为你的前途担忧，但我们更相信你的能力。社会是个大课堂，尽管你一进入这个社会就碰了壁，但你并不是个失败者。你从这个大课堂里学到了学校学不到的东西——毅力的培养。我们相信你不会被眼前的困难所吓倒，你一定能找到自己称心如意的职业的。”

一席话鼓舞了儿子的斗志，他最终找到了满意的工作。

赞美口才

在人类的天性中，有一点是共同的，那就是希望得到别人的喜欢，希望能在别人的赞扬声中感受到自我价值的实现。而在人类身上，值得赞扬的地方也的确很多。且不说优秀的、杰出的人物身上有许多闪光的东西，即使是普通人身上，也有许多优秀品质、优良品格值得我们去赞美。因此，在日常交往中，善于发现别人身上的优点，恰到好处地赞扬别人，不仅能起到鼓舞他人的作用，而且也能密切人与人之间的关系。

然而，赞扬别人，既要有诚意，也要讲究方法：

一、审时度势，因人制宜

赞扬别人的方法很多，可以面对面地直接赞扬，也可以在公众场合对某个人或某些人进行赞扬，还可以在背后赞扬。在什么情况下采用什么样的方法，使赞扬的效果更好，这就需要赞扬者抓住一定的时机，因人而异，恰到好处地把自己的赞美之情表达出来。

赞扬不仅要因人而异，因场合而异，还要考虑不同的阶段。如当你发现有值得赞美的事物和人的良好品格的苗头时，应当立即抓住这个时机，给予赞美对象以美好前景的鼓励；如人的优点和美好的事物已完全体现，那么你就必须给予赞美对象以全面肯定和充分赞扬。不同的阶段使用不同的赞美语，不仅能克服人通常的毛病，而且能给人一种实在感和具体感。

二、实事求是，措辞适当

实事求是是指赞扬应以事实为依据，这是与“阿谀奉承”的本质区别。“阿谀奉承”是出自主观的愿望，是为了一己之私，有着明显的巴结奉迎的目的，即俗话所说的“拍马屁”。而真诚的赞扬应是在客观事实的基础上，是一种真情的流露，旨在使人快乐，与人进行感情的沟通。此外，真诚的赞扬除了要以事实为依据外，措辞也要适当。主要应注意两个方面：一是不要夸张，二是不要过分。

不要夸张，就是说赞扬话应该朴实、自然，不要有任何修饰的成分，不要夸大其词。

不要过分，指的是赞扬话要适度，有的话赞扬一次两次，一句两句就足以使对方欢乐，而如果一句赞扬话说过多次或者对某个人堆上许多溢美之词，那么对方会认为自己不配，或者会疑心你的动机不纯。

三、热诚具体，深入细致

日常交往中经常可听到这样的赞美词：“你这个人真好”，“你这篇文章写得真好”等等。究竟好在哪些方面，好到什么程度，好的原因又何在，不得而知。这种赞美语显得很空洞，别人以为你不过是在客气，在敷衍。

所以，赞美语应尽可能做到热诚具体、深入细致。比如赞扬一个人穿的衣服漂亮，你不妨说：“这件衣服穿在你身上很合身，颜色鲜艳，人显得精神多了。”美国社会心理学家海伦·H.克林纳德认为，正确的赞美方法是把赞美的内容具体化，其中需要明确三个基本因素：你喜欢的具体行为；这种行为对你的帮助；你对这种帮助的结果有良好感受。有了这三个基本因素，赞美语才不至于笼统空泛，才能使人产生深刻的印象。

四、攻其不备，出其不意

在赞美语的运用上，如能攻其不备，出其不意，往往能使人喜出望外，收到意想不到的效果。

我们在日常交往中，如能注意观察，并对那些被我们忽略了的优点、美德而加以及时赞扬，往往比赞扬那些人所共知的优点效果更好。如一位著名科学家、著名演员或著名作家，或在某些方面有较突出成就的普通人等，他们在各自的领域里都颇有建树，而对他们在各自领域里所取得的成绩的赞美声也就会不绝于耳。那么，我们不妨另辟蹊径，如赞扬他们和谐的家庭生活，他们漂亮的衣着打扮，他们亲切的微笑以及优秀的品格等，这样肯定会使他们喜悦倍增。

批评口才

奥斯特洛夫斯基说过："批评，这是正常的血液循环，没有它就不免有停滞和生病的现象。"我们每一个人都不是生活在真空里，就像我们身上要沾染许多病菌一样，在我们的思想意识和言谈行为上，也会不可避免地出现一些缺点、错误，积极开展批评，才能使我们保持身心健康。但是，在开展批评时，一定要讲究方式、方法，这里也有艺术性。否则难以达到预期效果。

那么，采取什么样的批评方式才会取得好的效果呢？

一、体谅对方的情绪，取得对方的信任

这是使批评达到预期效果的第一步。"心直口快"作为人的一种性格来说，在某些方面的确可体现出它的优点，但在批评他人时，"心直口快"者往往不能体谅对方的情绪，图一时"嘴快"，随口而出，过后又把说过的话忘了，而在被批评者的心理上却蒙上了一

层阴影,也失去了对批评者的信任。所以当你在批评他人时,不妨学会从别人的角度来看问题,设身处地地站在对方的立场考虑一下,自己是否能接受得了这种批评。如果所批评的话自己听来都有些生硬,有些愤愤不平,那么就该检讨一下措辞方面有何要修改之处。

另外,也要考虑场合问题。不注意场合的批评,任何人都不会接受的。

二、诚恳而友好的态度

批评是一个敏感的话题,哪怕是轻微的批评,都不会如赞扬那样使人感到舒畅,而且,批评对象总是用挑剔或敌对的态度来对待批评者。所以,如果批评者态度不诚恳,或居高临下,冷峻生硬,反而会引发矛盾,产生对立情绪,使批评陷入僵局。

因此,批评必须注意态度,诚恳而友好的态度就像一剂润滑剂,往往能使摩擦减少,从而使批评达到预期效果。

三、把批评用作鼓励是最佳的批评模式

英国18世纪著名评论家约瑟·亚迪森曾说:“真正懂得批评的人看重的是‘正’,而不是‘误’。”这里所说的“正”,实际上就是隐恶扬善,从正面来加以鼓励,也就是一种含蓄的批评,能使批评对象不自觉地改正自己的错误和缺点。可以说从正面鼓励对方改正缺点、错误的间接批评方法,比直接批评效果会更快、更好。因为这种批评方法易于被对方所接受,从而产生良好的效果。

在开展批评时,还有几个问题务必引起注意。

1.就事论事,勿伤及人格。批评他人,有什么问题就说什么问题,切勿把“陈谷子烂米糠”统统翻出来,纠缠在一起,算总账。这样做,只能引起对方的反感。而揭对方的疮疤,甚至伤害其人格,则最容易引起对方的愤怒,应绝对避免。

2.具体明确,勿抽象笼统。在批评他人之前,先要明确是就哪

件事或事情的哪个方面进行批评，那么就以事实为基础，越具体明确越好。抽象笼统，“一竿子打死一船人”，别人就难以弄懂你的意思。

3.语气亲切，勿武断生硬。有什么样的态度就有什么样的用语。如果态度诚恳，语气也必定会亲切，让人听了心里舒服；如果态度生硬，自以为是，别人也就不会买你的账。有的人批评人时总喜欢用“你应该这样做……”“你不应该这样做……”，仿佛只有他的看法才是正确的，这种自以为是的口吻只会引起人的反感。

四、建议定向，勿言不及义

批评和建议是紧密联系在一起的，批评的主要目的是希望对方能改正缺点、错误，从而向正确的方向发展，所提的建议当然应该是为对方指出方向。但有的人提的建议不具体，让人糊里糊涂，弄不明白。如有客人要来家吃饭，妻子对丈夫说：“你能不能不老在那看报？”不如说：“你能不能帮我摆好桌椅、碗筷，客人就要来了。”这样就从另一个角度婉言批评了丈夫的懒惰，同时给他指明了改正的方向。

交谈口才

交谈是由两个或两个以上的人共同参与的双向口语交流活动。它是语言交谈中一种最基本、最常见的现象。交谈是家人之间、同学之间、师生之间、同行之间、亲友之间以及其他人与人之间，交流思想、融洽感情、增进友谊所必不可少的社会生活现象，也是人们增长见识、改善关系、排忧解难的重要途径。

交谈看似随便而谈，“侃大山”，但它也有自己的特点与规律，也有自己的要求与技巧。交谈艺术水平的高低，直接影响着交谈目的的实现。有这样一个故事：

某局新任局长宴请退居二线的老局长。席间端上一盘油炸田鸡。老局长用筷子点点说："喂，老弟，青蛙不能吃，是益虫！"新局长未假思索，脱口而出："不要紧，都是些老田鸡，退居第二线，不当回事了。"老局长闻听此言，顿时脸色大变，连问："你说什么？你刚才说什么？"新局长本想开个玩笑，不料说漏了嘴，触犯了老局长的自尊，顿觉尴尬万分，席上的友好气氛尽被破坏。此时一旁的秘书连忙接口说："老局长，他说您已经退居二线，吃点田鸡不当什么事。"老局长听此言觉得有道理，才又重提筷子，你敬我让，气氛开始回升。

三人的谈话，新局长不假思索，脱口而出，犯了忌讳，幸亏秘书乖巧，用语言挽回了局面，否则，这次随便交谈，定会造成隔阂。由此可见，交谈也是很有学问的。

那么，怎样进行气氛融洽的交谈呢？

一、用玩笑话消除对方的紧张感

交谈应该在融洽的气氛中进行，但怎样才能创造这种气氛呢？尤其是领导人与群众之间，这种气氛是较难形成的。这时可以通过玩笑口语来创造。

二、切勿以自我为中心

交谈本来就是双方自觉自愿、平等交流的事，所以任何一方都不要采取封闭式（只有自己说的，没有别人说的，要听话人围着自己转），不要以自我为中心，而应取开放式的方式，取随和的态度。有一些过于固执、自我意识很强的人，交谈起来，只有他说的，没有你说的，明明对方说得对，他也要"找点碴"，以便显示自己"高明"；明明可以跟着对方话题谈的，偏要拉回到自己的思维轨道上来；明明可以倾听对方的陈述，偏偏要急急忙忙打断人家的话。这样的交谈，十次有九次要失败，以后就没有人愿意跟他谈了。

三、要用有情趣和幽默性的语言

交谈不是做报告,做演讲,而是双方亲切的晤谈。所以语言除要求通俗外,还应有"味"。这就是说,要有情趣和幽默感。情趣可以通过幽默的语言获得,但也可用带感情、有意味的语言获得。

关于幽默的交谈语言,在交际中也是很多的。

有这样一个例子:美国小说家马克·吐温以机智幽默享有盛名。有一次,他到某地旅店去投宿。人家早告诉他此地蚊子特别厉害。他在服务台登记房间时,一只蚊子正好飞来。马克·吐温对服务员说:"早听说贵地蚊子十分聪明,果不其然,它竟会预先来看好我的房间号码,以便夜晚光临,饱餐一顿。"服务员听了不禁大笑。结果这一夜马克·吐温睡得很好,因为服务员也记住了房间号码,认真地做好了一切该做的事。

马克·吐温的风趣言谈,使对方既感到愉快,他自己又达到了目的。如果马克·吐温告诉服务员,要怎样怎样赶尽蚊子,就不容易产生同样的效果。

四、以情感人和以理服人相结合

有的交谈带着明显的目的性,如说服、劝解、抚慰、交心、释疑等等。为了达到这样的目的,最有效的手段是以情感人,以理服人,做到入情入理。这样,交谈就无往而不胜。古人说:"精诚所至,金石为开。"就是这个道理。

五、运用无效而又有效的交谈术

所谓"有效",是指谈话者可达到某种目的(如搪塞、拒绝、推诿、回避);所谓"无效",是指话语无实质内容(或等于没有回答,或信息为零)。这种技巧,当然不是一切场合都适合,它只适用于某种特殊情况。但是在交谈中,却是经常用得到的。

曾发生过这样的事情——

在一个周末舞会上,一位妙龄少女相貌出众,舞姿优美,令许多男青年青睐。其中有一个修养较差的青年对其纠缠不休，趁休息时还与这位少女搭讪：

男：我好像在哪儿见过您，您贵姓？

女：我姓我父亲的姓。

男：那么，您的父亲姓什么呢？

女：当然姓我祖父的姓了。

男：您做什么工作的？

女：干现代化建设的。

男：您家住在哪里？

女：地球上。

男：您家有几口人？

女：和我家的自行车一样多。

男：那么，您家有几辆自行车？

女：每人一辆。

这位少女同那位青年的交谈，就是属于一种有效而又无效的应对方式。表面看，有问有答，不失礼貌；实质上看，什么都没有谈，信息等于零。这既不伤和气，使交谈不“崩”，又巧妙地表示了轻蔑和拒绝。

这种技巧，有人又叫“闪避法”，并非都用在不友好的场合。有时做了好事不愿留名，也用这种方法来交谈。比如一个少年在火车站帮助一位外地的老奶奶找到了丢失的包裹，老奶奶问：“孩子，你叫什么名字？”“少先队员。”“在什么学校念书？”“城里中学。”“家住哪里？”“北京。”这就是用“闪避法”来搪塞老奶奶的追问，表明做好事不留名、不图报的好思想。

提问口才

交谈时离不开提问。精妙的提问不仅可以使你获得信息和知识，同时还可帮助你了解对方的需要和追求，从而达到人与人之间的沟通、交流和互助，促成事业的成功。当然，提问是离不开口才的，同样的一个要求，若用不同的语言提问，收到的效果肯定不一样。

那么，用什么样的语言提问才能收到好的效果呢？

一、注意因人而异

俗话说：到什么山唱什么歌。同样，提问也应见什么人发什么问。这是因为：

首先，人有男女老幼之分，该由老人回答的问题，向年轻人提出就不合适，该向男性提出的问题，也不能叫女性来回答。如果对一位正感年华似水、老之将至的女士提出一个看似很平常的问题："您今年多大年龄？"尽管你毫无恶意，也定会惹得她恼怒不已。

其次，每个人都有自己独立的性格色彩。有人性格外倾、性情直率，对任何问题几乎都能谈笑风生，畅所欲言；有人寡言好思，情绪不外露，但态度比较严肃；也有人讷于言辞，孤僻自卑，对任何问题都很敏感，甚至有点神经质。对性格外倾的人，尽管什么问题都可以提，但必须注意问得明白，不要把问题提得不着边际，否则很容易使谈话"走题"；对寡言好思的人，要开门见山，简洁明了，提问要富有逻辑性，尽量提那种"连锁式"问题。比如："你为什么会这样呢？""后来呢？"，等等。这样可以促使他源源不断、步步深入地谈下去；对那种敏感而又讷于言辞的人，要善于引发，不宜一开始就提冗长、棘手的问题，通常以他喜欢的话题，由浅入深，据实发问，启发他把心里话说出来，但必须注意，绝不能向他提出令人发窘的问题。

最后，人的知识水平和所处的社会环境各有差别。因此必须仔细观察、了解对方身份，把问题提得得体，不唐突、莽撞。如果你跑去问一名并不熟悉烹饪技术的宇航飞行员，应该如何烹制才能使做出的菜美味可口，就肯定不会如愿以偿。这表明，提出的问题必须根据对方的知识水平、职业状况及社会地位等进行合理分配，该问甲的不要问乙，该问乙的不要问丙。

二、掌握最佳时机

提问并不像逛大街、上市场那样随时都可进行，有些问题时机掌握得好，发问的效果才佳。有两个过去很要好的朋友都刚刚走上工作岗位，一个偶然的机会，他们相遇了，互相询问："你们单位待遇怎样？你工资多高？谈恋爱了吗？"显得既亲热自然，又在情理当中。但是，如果一位姑娘经人介绍与一位从未见过面的小伙子谈恋爱，公园门口两人准时赴约了，沉默了一会儿，姑娘抬起头来问："你谈过恋爱吗？工作轻松吗？工资多少？"其结局就可想而知了。

一般来说，当对方很忙或正在处理急事时，不宜提琐碎无聊的问题；当对方正专心欣赏音乐、文娱节目或体育比赛时，不宜提与这支音乐或这场文娱节目或体育比赛无关的问题；当对方伤心或失意时，不宜提太复杂、太生硬、会引起对方不愉快的问题；当对方遇到困难或麻烦，需要单独冷静思考时，最好不要提任何问题。

三、问题提得具体

那种大而泛的问题，往往叫对方摸不着头脑，因而也就不可能回答好。相反，问题具体了，反而可以引导对方的思路，从而得到满意的回答。

四、讲究逻辑顺序

如果你要就某一专题性问题去请教别人，则必须按事物的规律，先从最表面、最易回答的问题问起，或者先从对方熟悉的事问起，口子开得小些，然后逐渐由小到大、由表及里、由易到难提出问题，并注意前后问题间的逻辑性。这样才有助于问题的逐步深入，并便于对方回答，不至于一开口便为难卡壳。同时，也有助于自己理解对方的谈话，便于从中总结出规律性的东西。

五、保持灵活态度

发问不仅仅是口才的问题，还是一个人的思维能力问题。提出一个问题后，你要仔细聆听对方的谈话，并注意观察对方谈话中的一切细节，积极开动脑筋，去发现新的问题，新的疑点，并立即抓住，追问下去，弄个水落石出。此外，你还要注意对方回答问题的态度，一旦发现他避开某些东西，你可以打断他的话，试探他的反应，也可以用眼睛带着双关的意义盯住他，持续一段时间，直到使他变得不安为止。这时，他往往会在无意中脱口说出你最希望得到的东西。

六、准备多种提问方式

同一个问题，必须准备多种提问方式。提问方式一般分以下几种：

正问：开门见山，直接提出你想了解的问题。

反问：从相反的方面提出问题，令其不得不回答。

侧问：从侧面入手，通过旁敲侧击，迂回到正题上来。

设问：假设一个结论启发对方思考，诱使对方回答。

追问：循着对方的谈话，打破砂锅问到底。

应该知道，不是任何人一开始就愿意如实回答你所提的问题的，他们往往借“无可奉告”“我也不大清楚”等词来推托你的问题。所以，应该准备多种提问方式。当他坚决表示无话可说时，你就装成误解了他的样子，转而用另一种方式提问，如此反复。如果他拒绝回答，你可以设想一个令其为难的结论，请他指导，一旦他开了口，你就可以步步进逼，追问到底了。

七、措辞要得体

为了表达明确，避免造成麻烦和误解，提问时仔细选词择句是很重要的。我们必须寻求最佳的表达方式。诸如“你有什么理由可说”这类问题，很容易引起对方的不快，但如果换一种措辞：“你对此事有何感想？”就可以使谈话继续下去。

八、语气和语调亲切自然

必须时刻记住：对任何人提任何问题都要努力制造一种亲切友好、轻松自然的气氛，绝对不可以用生硬的或审讯性的语气和语调。否则，不但容易影响对方的情绪，还会破坏双方之间的关系，导致提问的彻底失败。

答问口才

答问是一种对提问做出回应，以解释、说明为目的的口语表达方式。答问的语言形式多种多样，答问的艺术和技巧就体现在各种形式中。概括起来，答问的语言形式主要有：

一、直答

直答就是根据对方的提问，直接从正面做出回答。例如：

问：你们厂今年上半年的效益如何？

答：很好。上半年完成全年计划产量的 70%，人均创产值 12 万元，比去年同期增长了 10%。上缴利税 3200 万元，创历史同期最高纪录。

这种答问，是友好、坦诚、直率的，通常在上下级之间，同事亲友之间，顾客与服务员之间，老师和学生之间使用最多。

二、分答

所谓分答，是指提问者不怀好意，或又有包容性的提问，不做“是”与“否”地笼统回答，而是听清话意，分解一问为多问，分别给以正确的回答。

分答这种口语技巧要运用好，首先要会听，听清对方话语中的阴谋，告诫自己不可顺势而应；其次，要分解对方的问题，对方的问题一般都有两层以上的含义，分解好了，即可以逐一应答；分答之妙还在于把对方所提问题中存在的挑衅成分都给否定掉。

三、变答

变答，就是变通着回答。《孙子兵法》说：“兵无常式，水无常形，能因敌变化而取胜者，谓之神。”变答，正是变被动为主动，变守势为攻势，变妨害为有利的一种巧妙的应答方式。

变答技巧的特点是“反”答，即在简答了对方问话之后，采用对方的内容来作答。例如：美国前总统卡特竞选时，有位女记者找到卡特的母亲。下面是女记者和卡特母亲之间的问答——

女记者：“您儿子向选民们说，他如果说谎话，大家就不要投他的票，您敢说卡特从来没说过谎吗？”

卡特母亲：“也许我儿子说过谎，但都是善意的。”

女记者：“什么是善意的谎话？”

卡特母亲：“你记得几分钟前，当你跨进我的门槛时，我对你说你非常漂亮，我见到你很高兴。”

卡特母亲的变答可谓针锋相对，使得问话者非常尴尬。但这不能责备卡特母亲不友善、不礼貌、不厚道，她的应答是对方不友好挑起的，并且步步“逼问”出来的。就内容来说，其恰当、巧妙、简洁都是无懈可击的。

变答还有一种更特殊的情况，即以问为答。例如：有一次，美苏关于限制战略武器的四个协定刚签署，基辛格在莫斯科的一家旅馆中向随行美国记者团介绍有关情况。下面是他们的谈话记录——

基辛格：苏联生产导弹的速度每年大约 250 枚，先生们，如果在这里把我当间谍抓起来，我们知道该怪谁呀。

记者：那我们的情况呢，我们有多少潜艇导弹在配置多弹头导弹？有多少“民兵”导弹在配置分导式多弹头？

基辛格：我不确切知道这些数字，至于潜艇，我的苦处是，数目我知道，但我不知道是不是保密的？

记者：不是保密的。

基辛格：不是保密的吗？那你说有多少呢？

记者：……

基辛格显然知道这些是保密的，不能回答。但他不是用“无可奉告”搪塞，而是变答为问，以问作答，结果反客为主，把问话者推到了难堪的境地。

必须指出，变答只有当问话者含有敌意或咄咄逼人时，才能运用，非此情况不可滥用。因为它有伤和气，其结果会出现僵局、冷场和不快。

四、牵答

有时面对故意刁难甚至侮辱性的提问，如果从正面回答，显得无力，即使答得再好，也只是一种为自己开脱、辩解的防卫语言，这时，就可以用牵答的技巧。采用牵答的技巧，就是抓住事物之间的对应、连带关系，提一个涉及答者与问者的命题，造成一荣俱荣，一损俱损的态势，以抵消对方的攻势，使自己立于不败之地。

牵答的奥妙，就在于用话将自己与问话者牵在一起，不可分开，使对方不能处于优势的攻击者地位。不过，牵答要注意分寸，因为“利害相连，荣辱与共”，所以对自己和对方都不要过分贬损，一般是答话中应有“两可”的意思（我这样，你也这样；我那样，你也那样）。

五、错答

错答，也是一种机警的口才表达技巧，既可用于严肃的口语交际场合，也可用于风趣的日常口语交际场合。它的主要特点是不正面回答问话，也不反唇相讥，而是用话岔开所问，做出与问话意思错位的回答。请看下面的例子——

一个美丽的姑娘独自坐在酒吧间里，一位青年男子走过来献殷勤，低声问："这儿还有人坐吗？"

"到阿芙达旅馆去？"她大声说。

"不，不。你弄错了，我只是问这儿有其他人坐吗？"

"你说今夜就去？"她尖声叫道，比刚才更激动。

这位青年男子被弄得狼狈极了，红着脸到另一张桌子上去。许多顾客愤慨而轻蔑地看着这位青年男子。

这个例子，是一次很典型的错答。错答，作为一种用来排斥对方和躲闪真实意思的交际手段，往往是很有用的。

六、征答

征答，就是引用名人名言和俗语、谚语等来作答，以表明自己的意思，或佐证自己的观点。这种回答，好处是很明显的，既增加了说话的权威性与可信度，又省去了许多解释和说明，还能增添口语的生动性与感染力。例如：

有人问一位家长："听说你孩子寄养在刘教授家以后，纪律也能遵守了，成绩也上升了，是真的吗？"

家长答："有人说'近朱者赤'，一点也不错。"

"近朱者赤"这一成语，引用在这里作答，非常准确、简练、生动。

七、拈答

拈答是紧承问话中的词句，利用拈连手法，在原话的基础上稍做变动，做出准确、鲜明、生动回答的一种口才表达技巧。这种答问如果运用得好，可以取得很好的效果。例如：

王蒙于20世纪50年代曾因写了《组织部新来的年轻人》出了大名，后来被错误地打成右派。复出后，读者好心地问王蒙："你能不能继续保持《组织部新来的年轻人》的创作风格？"

王蒙回答："不论有多少好心的读者希望我保持《组织部新来的年轻人》的风格，但是，这是不可能也是不必要的。20年来，我当然早就被迫离开了'组织部'，也再不是'年轻人'。"

这段话运用了拈连的手法："被迫离开了'组织部'"，说明自己蒙受冤屈，"再不是'年轻人'"，表明生活、创作风格变化的必然性。答得很艺术，很巧妙。如果直接摆出几条理由，讲些生活与创作关系的大道理，反而显得生硬、老套。这样一拈连，作者和读者之间，巧接词意，收到了很有韵味的效果。

拈答在日常生活中也常用。如：孩子考试回家，妈妈问："这次考得怎么样？"孩子回答："烤煳了！"将"考"试的"考"拈连成烧"烤"的烤，以"煳了"来比喻考坏了，答问很有风趣。

八、喻答

喻答，就是对某些棘手的问题，采用比喻的方式来回答。既形象生动，又明白透彻。如果摆开架势直接说理，不但很费力费事，还不见得有好效果。

不过，我们要用好喻答，必须精选作为喻体的事例，特别注意喻体与本体之间的契合点；还要注意答话的内容，一般用在解说、论证事理方面，其他日常答话和口试答话都不大适宜，不要滥用。

九、断答

断答，就是截断对方的问话，在他还没有说出，或者还没有说完某种意思时，即作出错答的一种口语交际技巧。它与错答的不同之点是答与问都存在人为的错位，即答非所问；而且，错答是在听完问话之后作的回答，断答是没有听完问话就抢着进行回答。

比如——

一对青年男女在一起工作，男方对女方产生了爱慕之情。男方急于要表白心愿，女方虽心领神会，但是，却不愿将友情向爱情方面发展，认为还是不要说破，保持一种纯真的朋友情谊为好。于是，出现了下面的断答：

男青年：我想问问你，你是不是喜欢……

女青年：我喜欢你给我借的那本哲学书，我都看了两遍了。

男青年：你看不出来我喜欢……

女青年：我知道你也喜欢哲学，以后咱们一起交换学习心得吧。

男青年：你有没有……

女青年：有哇！互相切磋，向你学习，我早就有这个想法。

男青年：……

这位女青年三次断答，使得男青年明白了她的想法，于是，不再问了。这比让他直率地问出来，女青年当面予以拒绝，效果自然要好得多。

十、诡答

诡答，是同诡辩连在一起的。诡，怪的意思，诡答，即一种很奇怪的回答。在特殊的情况下，不能、不宜或不必照直回答时，运用诡答技巧，就能应付难题。请看下面的例子——

清朝乾隆进士纪晓岚在宫中当侍读学士时，要伴皇帝读书。一天，天色已亮，而乾隆皇帝还没来，纪晓岚就对同僚说："老头子怎么还不来？"恰巧乾隆皇帝跨门而入，听到他的话，就愠怒地责问："老头子三个字做何解释？"纪晓岚急中生智，跪下道："皇上万寿无疆叫作'老'；皇上乃国家元首，顶天立地叫作'头'，皇上系真龙天子，叫作'子'。"于是，龙颜大悦。

"老头子"本是对老年人一种不尊敬的称呼。面对乾隆的责难，为了开脱自己的罪责，纪晓岚采用文字拆合法来偷换概念，居然把“老头子”变成了对皇帝的敬称。试想，如果纪晓岚不是运用“诡答”来应付这样的难题，怎么能避免一场杀身之祸呢？可见，在特殊情况下，诡答也是应付难题的一种语言技巧，一种口才艺术。

劝说口才

劝说是一种常见的极有说服力的语言方式。在日常生活中，需要劝说的事情几乎比比皆是。

由于劝说对象及需要解决问题的性质不同，劝说方法不可能有一个固定的模式，但有些共性的规律却是不能违背的。

要说服别人，最大的障碍就是对方的“心理防线”。因此，设法动摇对方的心理防线，是说服对方的关键所在。那么，如何动摇对方的心理防线呢？除了要晓之以理、具有充实的内容外，更要动之以情，掌握一定的方法和技巧。

一、对方知道“我同意你的观点”

人都是有自尊心的，任何人都希望得到别人的尊重，即使是学生、孩子也希望得到老师、家长的认可。而一个人在受到别人尊敬时，心情会特别的轻松愉快，在这种情况下劝说对方，往往会取得事半功倍的效果。

二、“我”在某些方面与你们相似，同是自己人

找出与对方彼此一致的共同点，便可产生“自己人”的效应，不仅导致彼此喜欢，还可导致互相信任。在一些著名的演说家的演说词中，常常出现这类词句：“我们所想的”“我们这种表现”等等。他们常以“我们”替代“我”这个词，这样在听众中就会达成一种共识：这是我们大家的，从而产生了一种共鸣。演说家的高明在于把自己融于听众之中，让听众接纳他，从而令听众成为被说服者。在

我们的日常生活中，要想劝说成功，不妨也使用演说家这种惯用的说服技巧，挖掘自己与对方的相似因素，譬如文化背景、年龄、社会经历、工作专业、思想感情、兴趣爱好等方面。

三、站在对方的立场，表示对对方的关心

考虑对方的立场，发掘对方的欲求、情感是说服的基本方法之一。想要说服别人，不妨设身处地地以对方的立场为出发点，找到对方的要害之所在，使被说服者意识到自己的观点、做法将会带来什么样的后果。这样，就能紧紧抓住对方的心，从而达到说服对方的目的。

称呼口才

称呼，就是对人的称谓。用什么称谓称呼人，既有个礼貌问题，也有个态度问题，同时也反映了说话人与被称呼者之间的关系。所以，在社会交往中，必须讲究称呼的艺术。

一、日常惯用的称呼语

1.亲属之间的称谓。亲属之间，对长辈应以亲属称谓相称，如爷爷、奶奶、爸爸、妈妈、姑姑、舅舅等。称呼长辈的姓名、职务、身份、职业等都是不礼貌的。对平辈，可相互用亲属称谓或加排行序列称谓相称，如哥哥、妹妹、二哥、三妹等；夫妻之间可以姓名相称，俩人在一起时，可用昵称，但不宜在父母、孩子面前和公开场合使用；年长的平辈可直接称呼年少者的名字，若年少者已成年，则用亲属称谓较礼貌。对晚辈，可称呼其亲属称谓，也可直呼其名，这样显得亲切。但当晚辈有了他自己的成年晚辈时，直呼其名也就不妥当了。

2.熟人之间的称谓。对关系较密切的熟人，可大致仿照自己

亲属的性别、年龄、身份等来确定相应的称呼，还可以“姓加亲属称谓”“名加亲属称谓”“姓名加亲属称谓”称呼，如“王奶奶”“李叔叔”等。

在一些正式、公开的场合，可以称呼熟人职务、职业，也可以“姓加职务、职业称谓”“名加职务、职业称谓”“姓名加职务、职业称谓”相称。如“赵厂长”“向真校长”等。

年纪较大、职务较高、辈分较高的人常对年纪较轻、职务较低、辈分较小的人称呼姓名，这种称呼明快直爽。反之，年纪较轻、职务较低、辈分较小的人对年纪较大、职务较高、辈分较高的人直呼姓名，则是没有礼貌的表现。

不称姓而直呼其名，是最亲切、最随便的一种称呼。但这只限于长者对年轻人、老师对学生或关系亲密的人之间，没有这种特殊关系而直呼人家的名字就不礼貌，甚至还会使人生厌。

朋友、同学、同事之间，因为相处长了，称呼可以随便一些，可在姓氏前加“老”“小”“大”等，如“老彭”“小陈”等。在人的亲属、职称、身份等称谓前，加上“老”“大”等词，是更为尊敬的称谓，如老厂长、大姐等。对德高望重的老年人，可以在姓后加“老”字，如“李老”“张老”等，这种称呼是很恭敬的。

3.对陌生人的称谓。对陌生人的称谓，一般来说可用以下几种方法：一是用通称。可根据人的具体年龄、性别、职业等情况称“同志”“朋友”“师傅”“先生”“小姐”等。对男人一般可以称“先生”，未婚女子称“小姐”，已婚女子称“夫人”或“太太”，若已婚女子年龄不是太大，叫“小姐”，对方也决不会反感。而称未婚女子为“夫人”就是极不尊重了。所以，宁肯把“太太”“夫人”称作“小姐”，也决不要冒失地称对方为“夫人”“太太”。一般说成年的女子都可称“女士”。二是可以亲属称谓相呼。可根据对方的性别、年龄等情况，以父辈、祖辈、平辈的亲属称谓相称，如“大伯”“阿姨”“老爷爷”“大娘”“大嫂”“大姐”等。称呼对方“大嫂”还是“大姐”时，必须谨慎从事，因为对方婚否不好确定，在没有把握的情况下，称“大姐”比较稳妥。

二、运用称呼语应注意的问题

1.要注意民族、时代、地域的差异。各个不同的国家、民族对人的称呼都有一些独特的习惯，如在日本，对妇女也可不称“女士”“太太”“小姐”，而称“先生”，如“米费子先生”。而汉民族语言中的称呼语相对于其他民族语言中的称呼语要复杂得多，不仅要看人的性别、辈分、年龄，还要分敬称和谦称。有的民族语言就没这么讲究，如英语中的“aunt”翻译成现代汉语可以是“姨母、姑母、伯母、叔母”等。所以各个民族有不同的称呼习惯，在实际运用中，要遵从各民族的习惯。

不同的地域，不同的生活习惯，造成了各种方言，所以还要注意方言间称呼的异同。如在大陆用得最广泛、最普通的“同志”称谓，而在港澳台同胞中，几乎就没有这个概念。所以与港澳台同胞打交道，不宜用“同志”这一称呼。

2.要注意口语和书面语的区别。口语相对于书面语言而言，显得通俗、随便，更为亲切。现代汉语中，同一个对象，可有口语和书面语两种不同的称呼，如爸爸（口语）、父亲（书面语）。在口语中，如果面对称呼对象时，运用书面语中的称呼语就显得生硬、不自然、不亲切。但是，在口语中，书面语中的称呼语可以作为他称用语出现。如“我的祖父”“你的母亲”等。

3.要注意语言环境和称呼对象的不同。在日常生活中，对我们比较熟悉的人，我们对其称呼就可随便点，甚至可叫别人小名、绰号，夫妻、恋人之间私下里还可用昵称，这样显得较亲切、自然，可以增加彼此之间的感情。但在公众场合，尤其是在会场上、课堂上，叫别人的小名、绰号，就会显得不严肃，太放肆，应当以“××同志”或“××同学”相称。对不太熟悉的人，对长辈、领导和老师，也都不宜用“小名”和“绰号”，否则，就会显得不尊敬。所以，运用称呼语时，应特别注意语言的环境和称呼对象，灵活使用。

自我介绍口才

在日常交往中，自我介绍是必不可少的。从交际心理上看，人们初次见面，彼此都有一种了解对方，并渴望得到对方尊重的心理。这时，如果你能及时、简明地进行自我介绍，不仅满足了对方的渴望，而且对方也会以礼相待，自我介绍。这样。双方以诚相见，就为进一步交往奠定了良好的基础。

而且，在参加社交集会时，主人不可能把每一个人的情况都介绍得很详细。为了增进了解，你不妨抓住时机，多作几句自我介绍。时机有两种：一是主人介绍话音刚落时，你可接过话头再补充几句；二是如果有人表示出想进一步了解你的意向时，你可作详细的自我介绍。

自我介绍时应注意以下几点：

第一，要有自信心。在日常交往中，有些人怕见陌生人，见到陌生人，似乎思维也凝固了，手脚也僵硬了。本来伶牙俐齿的，变得说话结巴；本来笨嘴笨舌的，嘴巴更像贴了封条。这种状况怎能介绍好自己呢？要克服这种胆怯心理，关键是要自信。有了自信心，才能介绍好自己，给别人留下好的印象。

第二，要真诚自然。有人把自我介绍称为自我推销。既然推销产品时需要在“货真价实”的基础上做宣传，那么推销自我时也不能不顾事实而自我炫耀。因此，作自我介绍时，最好不要用“很”“最”“极”等极端的词汇，给人留下“狂”的印象；相反，真诚自然的自我介绍，往往能使自己的特色更闪闪发光，引起人们的注意。

第三，要考虑对象。自我介绍的根本目的是要给对方留下一个印象，因此要站在对方理解的角度来说话。比如第一次参加某

方面的研讨会，你站起来说："我叫××，我来发个言。"此时在场的人一定会这么想：这是什么人？怎么从来没见过？他代表哪方面？他的意见值得听吗？所以，面对有这么多想法的听众，你只介绍"我叫××"是不行的，别人不会安心听你的发言。如果你理解了听众的心理，就可这样介绍："我叫××，是××大学的教师，我第一次参加这样的研讨会，望大家多多指教。现在我就这个问题谈谈自己的看法……"这样的介绍，才不会使听众心中结下疑团，也才能使听众安心听你的发言。

所以，在介绍自己时，一定要重视那个或那群与你打交道的人，要随机应变。如你面对的是年长、严肃的人，你最好认真规矩些；如与你打交道的人随和而具有幽默感，你不妨也比较放松地展示自己的特点，作出有特色的自我介绍来。

介绍他人口才

在交往中，经常需要介绍他人，这里也有一个如何介绍更得体的问题。一般来说，介绍他人时应先向双方打个招呼："请允许我介绍你们认识一下"或"我介绍你们相互认识一下好吗？"这样，可以使双方有思想准备，不会感到突然。

按一般的习惯，做介绍时，如是不同性别的两个人，应该先把男士介绍给女士；如果男士年纪比女士大很多时，则应先把女士介绍给男士；如是不同辈分、职务的两个人，应先介绍晚辈给长辈，先介绍下级给上级；把一对夫妇介绍给他人，在一般情况下应先说丈夫，后说妻子；把两个群体相互介绍时，一般只介绍带队的、职务高的，随员笼统介绍即可。

有时，需要把某个人介绍给很多人，应该先向全体介绍这个人的姓名、职业，然后再依照坐着或站着的次序一一向这个人作介绍。如:“各位,这是电视台的记者刘方。小刘,这是公司董事长××,这是总经理×××,这是……”

有时,向大家介绍新来的领导、来讲课的老师或做报告的专家学者,只要把这个人介绍给全体人员就可以了,不必再一一向他做介绍。被介绍者要站立,向众人表示谢意,众人一般应鼓掌致意。介绍的内容,一般只包括姓名、身份。如有必要,也可介绍籍贯、个人性格、爱好、工作成就、所熟悉的老师、同学、朋友等。通过这些内容的介绍,使双方能够很快沟通。

在介绍他人时,应注意以下几点:

第一,介绍时要热情诚恳,面带微笑,神情要镇定自然,落落大方,充满自信。即使遇到意外情况,也不要慌乱,从而造成一种融洽随和的气氛,给被介绍的双方留下难忘的印象。

第二,介绍时口齿要清楚,并作必要的解释和说明,以便使听的人能够很快记住双方的姓名。

第三,介绍方法要灵活,要随机应变。面对长者或领导,要使用尊称,如说“请允许我向您介绍……”。在朋友之间,可用轻松活泼的方式,有时不妨幽默一点,如:“这是我们单位有名的大胖子,外号‘肥仔’。”这样能使气氛活跃起来。

寒暄口才

寒暄是人们见面时所说的一些看似无关痛痒的应酬话,但它在与人交往中却是十分必要的,能够创造一种和谐融洽的交流气氛。那么,怎样寻找寒暄话题呢?可从以下几个方面考虑:

一、以身边的人和事作为寒暄话题

一句“今天天气很好”,可以使车站上两个素不相识的人交谈起来。在生活中,这种寒暄话题是可以信手拈来的。宴会上你可说，今天的晚餐很丰盛；在朋友家中，你可说，这房间的布置很好；在公共汽车上，你可说，今天的车真挤……另外，我们还可以以身边的人尤其对方亲近的人作为寒暄话题。比如你初次到朋友家去做客，如果朋友家有老人或孩子，老人或孩子便是你与朋友寒暄的最好话题。这样，既能引起对方的兴趣，也能使对方觉得你这人随和，容易接近，于是很自然地与你交谈起来。

二、以对方感兴趣的事作为寒暄话题

如你有事要求别人，最好先了解对方的兴趣，以对方感兴趣的事作为寒暄话题。如对方喜欢音乐。你不妨先与他谈谈贝多芬、莫扎特、《第二交响曲》，谈谈流行歌曲、歌唱家、红歌星等。如果你对音乐略知一二，你们就会谈得很火热，对方就会以你为知己；如果你对音乐不在行，也不要紧，你可趁机向对方求教，这样既显示出你的谦逊有礼，又学到了音乐知识。

如果你有事要会见一位陌生人，那就先要尽量从朋友那里了解一些那人的情况，为成功的寒暄做好准备。对于那些沉默寡言的朋友，你最好在平时就注意观察他的一些兴趣爱好，注意他平时喜欢参加什么活动，有什么特别的嗜好。这样，碰到这种朋友时，就可以挑那些他熟悉而有兴趣的话题与他寒暄。

三、以时事、新闻作为寒暄话题

时事、新闻是大家比较了解的客观情况，以此作为寒暄话题，能够引起人的共鸣。大到国际国内大事，小到家庭琐事，都可与对方交谈，但注意以此为话题时也要因人而异，也要以对方的兴趣爱好为条件。如对一位大字不识的家庭妇女大谈国际国内局势，而对某位关心时事、知识渊博的领导又东家长西家短的，必然难以找到共同点，有时这样的寒暄话多了，还会引起对方的反感。所以在以时事、新闻为话题与人寒暄时，一定要观察对方是否感兴趣，能否引起对方交谈的兴致。

找好寒暄话题后，就要考虑采取何种寒暄形式了。寒暄的形式多种多样，如以眼前的景物作为描述对象的描述式，嘘寒问暖的问候式，对人与事物进行简单评论的评论式，对对方的优点、长处为赞美对象的夸赞式等。要根据不同对象的不同特点，采取恰当的寒暄形式，使寒暄真正起到应有的作用。

聊天口才

聊天，也称作闲谈，是人们在业余生活中经常运用的休息方式。工作之余，在绿荫下、庭院前、小河边，与亲人、朋友、同事、邻居们聊聊天，调剂一下紧张的情绪，也是一种难得的精神享受。

然而，聊天也有文雅与粗俗之分。有的人知识渊博，谈笑风生，集知识性、趣味性为一体，常说得引人入胜，发人深思；也有的人无所事事，仅仅为了打发时间，东鳞西爪，讲些庸俗无聊的事情，令人一笑了之。所以，聊天之中也有学问，也有艺术。

聊天可以是漫无边际地闲唠，也可以是有意识地进行。有意识、有目的地聊天，往往对自己、对别人都有很大的帮助。比利时生理学家科内尔·海门斯，就是从聊天中获得知识的。他有一个习惯，每当黄昏陪着父亲在庭院里散步聊天时，他总是准备了很多问题让父亲回答。有一次，他向父亲提出了一大串有关潜水时呼吸的生理反应方面的问题，父亲耐心地作了解答，使他大受启发，决心发奋攻读生理学。后来，科内尔终于攻克这一难题，写出了《血管压力感受器和化学感受器在呼吸控制中的作用》著名论文，还荣获了诺贝尔奖。可见，聊天中的思想可以成为科学发现中的激励力量。

此外，还有一种讨论式的聊天。这种聊天的优点更为明显，科学家贝弗里奇把它概括为以下几点：

1.别人可能向你提出有益的建议；

2.一个新的设想可以由两三个人集中他们的知识而产生；

3.可以拨正谬误；

4.可以使人精神振奋；

5.帮助人摆脱习惯性思想束缚。

可以说，聊天是一种积极交流思想的办法。大文豪萧伯纳这样说过："倘若你有一个苹果，我也有一个苹果，而我们彼此交换这些苹果，那么，你和我自然是各有一个苹果。但是倘若你有一种思想，我也有一种思想，而我们彼此交流这些思想，那么，我们每个人将各有两种思想。"文雅的、讲究艺术的聊天，对于传播信息，交流思想，具有积极的作用，这是毫无疑问的。

当然，由于聊天是"闲"聊，免不了有较多的"水分"，话语也难以做到严密准确。所以，必须对聊天所提供的信息，加以优选和核实，以保证聊而有获。

致谢口才

我们在生活中，免不了要请别人帮忙，获得别人的帮助，这就需要致谢。致谢是对对方的好意和某种高尚行为的一种回敬。由于对方的好意或者得到对方的帮助而使自己受益，即使是微不足道的小事，如公共汽车上别人给你让个座，某人顺便给你拿来一件东西，都应马上向人家说"谢谢"。如果"谢谢"两字还不足以表达你的心意时，还可以加上一两句表示感谢原因的话。如："这次搬家真是太感谢你们了，不是你们帮忙，我真不知怎么办好"，"真感谢你借给我这些资料，解决了我的一大难题"等。除了别人帮助你做了某件事外，需你说"谢谢"的情况还有：当别人赞扬你的优点或功劳时，按西方人的习惯一般要说"谢谢"或"谢谢您的夸奖"；当别人送你东西时；当你或你的亲人生病，你的同事、同学、朋友去探望时；当你受到主人热情的款待告别主人时；当别人向你表示关心问候时等，都应表示感谢。

另外，在喜庆宴会、授奖大会、欢迎及送别会上，在致辞以后，一般应由当事人致答词，以表示对组织的关怀、支持和同志、朋友的友谊和帮助的感谢。这种致谢方式显得比较正规，一般是先写好底稿，即感谢辞。答谢的内容主要包括：叙说对方对自己的关心、支持、帮助的具体（或概括）的事实以及产生的效果；热情赞颂对方的可贵精神并加以致谢；简单说明自己的打算和决心。

说“谢谢”时，应注意西方人运用致谢语与中国人的不同。中国人尤其是从事涉外工作的人在与西方人打交道时，要注意遵从西方人的习惯，否则就会弄出笑话和带来麻烦。如西方人真不需要你的帮忙和你送的东西，他就会说“No，thank you”（谢谢，我不需要了），而你不要理解为他是在客气。再有，说“谢谢”时感情要真挚，表达要清楚，勿含糊咕哝、啰唆烦琐。这些，都是向人致谢时应注意的事项。

道歉口才

在与人交往时，难免说错话，做错事。人非圣贤，孰能无过？如果我们能及时说声“对不起”，真诚地向对方道歉，往往能把大事化小，小事化了。

日常生活中，需要道歉的事情很多，大到不小心损坏别人家的重要物品，出言不逊伤了别人的自尊心，或者一时性起打伤了别人；小到打断了别人的谈话、干扰了别人的工作、约会迟到了、公共汽车上踩了人家的脚，等等，这都是难免的。问题就在于有没有勇气，有没有诚心向对方道歉。真正的道歉不只是认错，而是承认自己的言行给对方带来了伤害和损失,希望弥补这种过失,希望能与对方言归于好。

向别人道歉时,除了要有诚意外,还需讲究一定的技巧和方法,避免不必要的争吵和冲突。那么,怎样向人道歉才能达到预期的目的呢?

一、立即道歉

因为时间拖得越久就越难以启齿,有时甚至追悔莫及。所以,在发现自己的过错时,立即向对方说声"对不起",这才是道歉的最好时机。

二、有时可避开正面接触对方,采用多种方式表达你的悔意

如果你觉得道歉的话语一时说不出口,那么不妨想点其他办法,让对方知道你有悔过的诚意。比如托人送件小礼物,间接帮助对方解决某些困难,或者写封信打个电话等。

三、道歉时,语气要诚恳,态度要自然

有些人知道自己的过错,也有心向别人道歉,但说话语气在别人听来显得不诚恳,态度傲慢。诸如冲着别人说:"对不起,噢!""我说对不起你还不行吗?"这样的道歉不仅不能让对方接受,相反,还会引起对方的反感。因此说"对不起"时,要面带微笑,语气低缓,使人感觉到你是在真心悔过。

有时在"对不起""抱歉"前面再加上"很""非常""实在""太"等表示加强的词语,则更能体现你的诚心。

四、主动承担责任

在道歉时,要主动承担错误的责任,说明引起错误的原因,但决不能找借口,或者把责任推卸给对方,即使自己只有部分责任,也要主动承担。主动为自己的行为承担责任,反而会鼓励对方也承担属于他自己的那部分责任。

说客套话口才

客套话，是社会交往中相当普遍的一种语言现象。请人办事，说一声“劳驾”；送客临别，讲一句“慢走”，能显示出一个人的礼貌周到和谈吐文雅。擅长外交的人们，像精通交通规则一般熟谙客套。正如培根所说，得体的客套同美好的仪容一样，是永远的自荐书。

但是，客套要切记自然，真诚，言必由衷，并富有艺术性。

在日常交往中，常用的客套话是：

初次见面说“久仰”，好久不见说“久违”。

请人批评说“指教”，求人原谅说“包涵”。

求人帮忙说“劳驾”，请给方便说“借光”。

麻烦别人说“打扰”，向人祝贺说“恭喜”。

自己诗画送人看，常说“斧正”或“雅正”。

求人解答用“请问”，请人指点用“赐教”。

托人办事用“拜托”，赞人见解用“高见”。

看望别人用“拜访”，宾客来到用“光临”。

陪伴朋友用“奉陪”，中途先走用“失陪”。

等候客人用“恭候”，请人勿送用“留步”。

欢迎购买叫“光顾”，归还原物叫“奉还”。

对方来信叫“惠书”，老人年龄叫“高寿”。

问路口才

人们常说：“嘴就是路，路就在嘴上。”那么，怎样才能让嘴变成路呢？这里有个问路的口才艺术和技巧问题。

问路时，必须掌握由大到小、由远至近的原则，并根据被问者的年龄、性别、职业和场合等具体情况，使用恰当的方式提出问题。一般有如下四种方法：

一、直接式

就是开门见山，直截了当地提出问题，请求对方给予解答。如“先生，请问去友谊饭店从哪条路走？”“大众路向前走 50 米。”“谢谢。”

二、反试式

明知不是目的地甲，但问时偏偏说成是甲，待对方否定回答之后，紧接着追问甲的具体位置。如：“先生，这儿是广交会业务洽谈处吗？”“不是。”“请问广交会业务洽谈处的具体位置在哪儿？”“5 楼 511 号。”“谢谢。”

三、疑问式

用试探或疑问的方法提出问题，从对方的回答或否定回答来判定自己行动的准确性。比如：“请问，上越秀公园是乘这路车吗？”对方回答“是”，说明你的行动是正确的；对方回答“不是”，证明你的行动有误，需及时调整。

四、启发式

当对方回答问题含混不清或模棱两可时，应及时加以提示引导，向被问者提供要寻找的对象的基本情况。如工作单位、家庭状况、面貌特征、身高、爱好以及与之有关系的人和事等等，启发引导对方的思维，通过对证、比较和分析判断，得出正确的结论。如果对方还是不能得出正确结论，你也应该说声“谢谢”，再去请教其他的人。

上述问路的四种方式既可单独使用，又可混合使用，应视情况灵活掌握。

借东西口才

我们在日常生活中，总会有缺钱缺物用的时候，因此向亲邻同事开口借，也就是一件难免的事了。可是，为什么有的人能使物主乐意相借，而有的人却碰了钉子呢？除了其他的原因外，这和借者语言表达的恰当与否有密切的关系。所以，当我们向别人借东西时，说话不可不注意如下几点：

一、说话要用商量的语气

向别人借东西时，说话语气一定不要太硬，更不能说些有伤于人的话，要知道你是在有求于人。如你的孩子患病住院了，你手头又缺钱，只能向别人借，这时你就可以说："我的孩子病了，还缺住院费 50 元，不知您手头宽绰不宽绰？下月开工资我就还您。"用这种商量的口气，只要人家手里有钱，是不会不帮忙的。但有些人则不注意这一点，向人借钱时说："谁不知你存了几万元，借我 1000 元还不是牛身上拔根毛？"诸如此类的话，与熟人打趣说说还不要紧，但在借东西时说话一定要用商量的语气，这样才能使对方感到你有求于他而且尊重他，他才肯帮助你。

二、要说明归还时间

借别人东西时，一定要说明归还时间，而且要准时归还给人家。比如你与同事一起去商店，看见了一条新式裙子，你想买下来，刚巧手里钱不够，你就可说："小王，你先借给我 5 元钱吧，等回去我就让我女儿给你送去。"说明了归还时间，使人家感到借出去的钱有了保障，所以会放心地借给你。

三、说话要诚实

向别人借东西要说实话，不能为借得容易而编假话骗人。比如你借钱时明明近日还不了，为了使人家乐意借，就说："过几天就还。"或说："明天就还。"结果不能如期归还，人家就会把你看成不守信用的人，下次再借可就难了。而且借东西时不要随便改嘴，开始说借 20 元钱，等人家答应了又说借 50 元，这会使借主感到为难的。

四、借不到时，不要说气话

向人借东西，总有不能如愿的时候，不能因为人家不借给你，你就说出不礼貌的话。比如你向人家借自行车，人家说："对不起，自行车不能借你用，等会儿我要外出。"你就不要说"怎么这么巧，偏我来借时你要用"之类的话。否则，就会大伤和气。你在借钱不成时，如能对人家说："我知道你手头也不宽绰，我再到别人家看看。"这话让人觉得你能体谅人。

五、运用求借语要因人而异

关系好的不妨随便一些，知心朋友更应当直截了当，以免让对方感到"生分"，若是一般朋友，关系平常，不妨来个"曲线求借"，先试探一下，然后根据对方情况随机应变。比如借钱吧，老朋友之间就可以这样表达自己的意图："喂，这两天手头紧，借点钱用用！"若是一般朋友，你不妨这样说："唉，这几天花钱真多，买这样又买那样的，到月底还有 10 多天，这日子过得真紧！"若朋友能悟出你的意思，主动提出帮助你，那你再说借款数字；若对方也跟你一样，大谈钱如何如何不够用之类的话，请你免开尊口。因为，对方的意思很明显：他不想借或真的借不出。

做解释口才

在社交场合中，解释是必不可少的。例如，上班迟到了，需要向领导解释迟到的原因;别人不同意自己的一种观点,需要做理论上的解释;别人对自己产生误解了,需要解释自己的动机和目的,等等。那么,怎样才能使解释获得预期效果呢?这就需要遵循一定的原则,运用一定的语言表达技巧。

一、实事求是,有理有据

要使解释获得预期效果,首先必须遵循实事求是、有理有据的原则。因为解释的目的在于解疑释难,澄清事实,使人信服。为了达到这一目的,解释就必须实事求是,如实地陈述事情的原委,做到有理有据。当然,有时候由于真实情况难以直言,也可以采用委婉含蓄的主言,说明不便直言的原因,请对方谅解。但是,绝不能编造理由,寻找借口,强词夺理。那样,即使说得天花乱坠,也难以令人置信,但可能还会招致对方的反感与驳斥。总之,要使解释获得预期效果,就必须做到实事求是、有理有所,如实向对方讲清事情的原委,表明自己的态度。这样,解释才能令人信服,才能取得预期效果。

二、表达清晰,条理分明

如前所述,解释是解疑释难,澄清事实,使人信服。既然如此,那么,表述就必须清楚明白,否则,不仅达不到预期目的,甚至还会产生新的误解。

那么,解释时怎样才能做到清楚明白呢?关键在于做到条理分明,尤其是解释错综复杂的情况时,要把它说得有条不紊。具体说来,在解释前,要考虑到语句的顺序,先说什么,后说什么,要做到心中有数,不能兴之所至,随口道来,以防止解释后更加糊涂的情形出现。一般地说,事情总有个起因、发展和结果这样的过程。在解释时,就可以按照这个过程的先后顺序进行。在词语句式的选择方面,解释中应尽量少用“也许”“大概”“可能”之类的模糊词语,少用同音词;同时,句子要多用完全句,不要随意省略成分。否则，就可能出现越解释越糊涂的问题。在言语的表述方面，也要讲究技巧。比如，有些事情，如果直言解释，可能会伤人情面，影响关系，那就应该采用委婉含蓄的表述方式，使之容易为对方所接受。不过，虽然表述方式是委婉含蓄的，但表意一定要清楚明白，否则容易产生负面效果。此外，在表述时，采用“同义替换法”，即同一个意思换一种说法，效果也是很好的。总之，既要表述清晰，又要言语委婉，这也是解释时必须遵循的一条重要原则。

三、语态谦恭，语气和缓

古人云：“感人心者，莫先乎情。”解释这种口语活动特别强调双方的情感融洽，双方情感越融洽，解释的话就越入耳入心，就越能使人信服。所以，解释所必须遵循的又一条原则，就是语态谦恭。所谓语态谦恭，就是在解释时，要特别注意语言的感情功能，用情感感染对方，达到情感融洽，使对方相信自己的解释。

要做到语态谦恭，首先搞好心理沟通。在解释时，如果能够站在对方的立场上，从对方的利益出发，那么对方就会把你当成“自己人”，从而相信并接受你的解释。一旦对方把你当成了“自己人”，就标志着双方情感已经融洽，心理已经沟通，解释工作就好做了。其次，语气要和缓。在解释时，既不能使用质问的语气，更不能使用轻视或嘲弄的语气，应采用和缓的、商量的语气。要知道，语气如何，直接关系到解释工作的成效，因此必须加以注意。

幽默口才

在人际交往中，适当地使用幽默的语言，可以打破僵局，可以回敬对方不礼貌的言辞，也可以使严肃紧张的气氛顿时变作轻松活泼起来，甚至可以缓和或解决矛盾。那么，在交往中如何使用幽默的语言呢？

有以下几种方法：

一、正话反说

所谓正话反说，就是把话反过来说，使之形成明显的反差。其最主要的方法是“贬义褒用”。例如：在20世纪40年代，人们多使用牙粉刷牙，牙粉是用袋装的。当时，有个相声演员说相声形容牙粉价格很高时说：“才两元钱一袋。”捧哏的问他：“这么便宜，是什么袋装的？”这位相声演员说：“牙粉袋！”观众捧腹大笑。

除了“贬义褒用”外，也有用“褒义贬用”的。如把怕老婆的男人说成是“模范丈夫”等。

二、妙用笑话

适当地讲些笑话，可以使语言充满幽默感，从而缓解人们的紧张情绪。例如：在一次家庭宴会上，有两人因琐碎小事争吵起来，这时，主人借题发挥，讲了一个笑话——

古时候，某君去朋友家赴宴，朋友招待不周，仅给他喝了几滴米酒。临走时，他恳求主人在左右两边腮帮子上各扇一记耳光。主人不解其意。他说：为的是让我老婆看见人两颊通红，以为我吃饱喝足了……

听了这则笑话，刚才正在争吵的两人也不由自主地笑了起来，紧张的气氛一扫而光。

三、适度夸张

运用夸张的方去来表现幽默，效果也非常鲜明。有这样一则故事：

房客对店主说：“昨晚我睡不着，太冷了，窗上有洞，房间里只有一点光，我就睡不着。”店主奇怪地说：“那你为什么不把蜡烛吹灭呢？”房客说：“吹不灭的，因为那球形的火焰结了冰了。”

在这个故事中，房客运用夸张式的幽默语言，既巧妙地批评了旅店太冷，又避免了与店主正面发生冲突。

四、词语别解

故意歪曲词语的本意，进行特殊含义的解释，也是表现幽默的一种方法。例如：

美国的比尔斯曾编撰了一部《魔鬼词典》。在这部词典里，给政治下的定义是——“政治是为私人谋取利益而从事的公务活动”；给外交下的定义是——“为了自己国家的利益而撒谎的一种艺术”；给和平下的定义是——“两次战争之间互相欺诈的阶段”。

他在这里用的就是词语别解的方法，表面看似荒唐，细品却意味深长，不禁使人哑然失笑。

五、自我解嘲

有的时候，自我解嘲也能造成一种幽默的气氛。比如，在别人请你唱歌时，而你又不善歌唱，便说一句：“我五音不全，唱起来怕把你们吓跑了。”再如，有人见你在那里唱歌跳舞，说你生活很充实、业余娱乐不错时，你便说：“我这是叫花子过年——穷欢乐。”所以这样的自我解嘲，也是幽默的表现。

六、巧用谐音

借助同音字的谐音关系，也可用来表现幽默。

例如：

清朝李鸿章有个远房亲戚李某，胸无点墨而热衷功名，一心想借科举弄个一官半职。一次，在考场上打开试卷，谁知竟有一多半字不认识，急得如热锅上的蚂蚁。眼看交卷时间就要到了，他灵机一动，在试卷上写道：“我乃李鸿章中堂大人的亲妻。”这最后一个字本意想写“戚”，因不会写，以“妻”字代替。当主考官批阅这份试卷，读到“我乃李鸿章中堂大人的亲妻”时，不禁拈须微笑，提笔在试卷上批道：“所以本官不敢娶(取)你。”

这里，所运用的就是谐音法，借助同音字(戚—妻)的谐音关系，语带双关，明言此(不敢娶你)暗言彼(学问浅薄，不能取你)，既幽默风趣，又一针见血。

当然，语言幽默的方法还有许多，上面列举的只是几种常用的方法。在实际运用时，只有因人、因时、因情、因境而异，方能不落俗套，为人们所喜闻乐见。

表达坦诚的口才

在社交活动中，坦诚是被人视为一种优秀的品德，也成为许多人效仿的处世原则。

如何掌握坦诚的艺术呢？社会心理学者认为应从以下几方面入手：

一、及时掌握不同对象的心理特征、爱好特征，以及他们的职业

根据以上特点，采取与其相应的社交方式。要做到这点，不仅需要掌握一些心理学、社会学知识，也需要在社会实践中注意观察和学习。

二、根据情境的变化，扮演不同的角色，选择最恰当的表达方法

表达方法一般有以下四种：

1.委婉法。即当你不愿说出来某件事情而又不得不说时，可用适当的词语来暗示，用隐喻、暗喻、借喻来提示，使对方从侧面得知而又容易接受。

2.征询法。即讲出自己的一部分意见，或不讲观点，观察对方的反应，或征询对方的意见。然后根据反应和意见决定自己的表达方法。

3.隐瞒法。即隐瞒事实真相，或不揭示问题的关键部分，以免

引起对方的不良反应。此法对危难病人等较为适宜。

4.回避法。即当对方的态度、意见与自己相悖，或一时难以接受时，不直接表示反对或拒绝，而采取拐弯或岔开话题等方法来对待。

三、及时注意对方的反馈信息

从社会心理学角度看，社交活动实质上也是一种感情或物质的交换。因此，在交往中随时注意自己的情感、言语、行动等信息输出后的效果如何，然后根据反馈的信息及时来调整自己的情绪和行动。

坦诚的口才艺术的基础是心底真实、忠厚、诚挚，如果离开坦诚，一味追求艺术，那么只能走向圆滑、虚伪、市侩的邪路。

劝架口才

人们在生活、工作中，难免会发生这样那样的矛盾。夫妻子女、亲朋好友、左邻右舍……都会有些矛盾。有时还因矛盾激化而吵架。这时就很需要旁人及时劝架。面对那些愤激一时的吵架者，劝架是很要讲究点口才艺术的。

一般说来，劝架的口才技巧有五个要点：

一、要了解情况

盲目劝架，讲不到点子上，非但无效，有时还会引起当事人的反感：“不了解情况，瞎说什么？”而弄清情况再讲话，效果就较好。假如对邻居、同事中原因复杂的争吵，更要从正面、侧面尽可能详尽地把情况摸清，力求把话讲到当事人的心坎上。解绳结要看清绳结的形状，解除心上的疙瘩，更要把疙瘩看透。

二、要分清主次

矛盾有主次方面，吵架的双方有主次之分。劝架不能平均使用力量，对措辞激烈、吵得过分的一方重点做工作，就比较容易平息纠纷。如果不分主次，平均使用力量，效果肯定不佳。

三、批评要婉转

人在吵架时心中有火气，嘴上没好话，耳中听不进劝告。因此，劝架时不要纠缠于吵架人的某些过激言词，要多用委婉语，注意不要触及当事人的忌讳。一般情况下，尽量不用激烈尖锐的语句，力避火上添油，而要用好言好语"降温"。当然，在某些特殊情况下，如吵架的双方矛盾白炽化，甚至拿刀使棍动起武来时，就要用高声断喝，使当事人清醒，阻止他下手。如大喊："不准打人！有话好讲！""不能这样蛮干！把棍子放下！""谁敢动刀，我就去报告派出所！"

四、语言要风趣幽默

吵架时，双方脸红脖子粗，气氛紧张。这时，用一两句风趣幽默的话，就像清凉油、润滑剂，可以"降温""放松"，缓和紧张气氛，吵架人想发火也发不起来了。

五、要客观公正

劝架要分清是非，十分公正，做到分析得中肯，批评得合理，劝说得适当。不能无原则地"和稀泥"，不分是非各打五十大板。应该实事求是，恰如其分，既要弄清是非，又要团结同志。劝架者若能端平一碗水，不偏袒一方，吵架者自然会信服的。

活动主持人口才

在社交活动中，各种会议、宴会、典礼、仪式等都需要有人主持、有人组织，主持人的作用非同小可。他们不但要负责整个活动的编排，而且要起到上串下接，穿针引线，沟通听众、观众的作用，这就要求他们必须具有良好的口才。那么，如何做到这一点呢？应注意三点：

一、不死板，不程式化

所谓不死板，不程式化，就是说主持人主持每一次活动，都应注意研究本次活动的内容及参与者的特点，因人因事的不同来组织语言。如主持青年人的活动，语言应当深入浅出，充满朝气，哲理性强，寓意深刻；主持老年人的活动，则要求适合老年人的特点，姿态大方稳重，语气温和亲切，语言庄重质朴；主持文艺节目，应当热烈、欢快；主持会议或其他活动，则又应有所不同，等等。

不程式化还体现在开场白不能死板、机械、千篇一律。比如："现在开会，请××同志讲话。""舞会（宴会、晚会）现在开始。"这就落入俗套了。开场白要因境制宜，作灵活的设计。如设计会议开场白，就要自问三条：能安定听众情绪，形成专心听讲的气氛吗？能恰当地介绍发言的内容、发言人的身份进而吸引听众吗？形式新颖、不落俗套吗？符合这三条，开场白的效果肯定是好的，而良好的开场往往是会议成功的起点。

一场活动结束后，结束语也应避免俗套。大多数情况下，主持人会说"××同志的讲话很重要，要认真领会好好学习"或"感谢××同志百忙之中光临我厂（我单位）"等。这类枯燥的套话、客气话已成为令人厌烦的、毫无真情实感、缺乏新意的陈词滥调。作为一名好主持人，不应按这样的程式语言来主持活动，而应有自己的特色。

二、巧于连接

主持一场活动，一般都要在中间搭桥接榫，过渡照应，把整个活动连缀成一个有机的整体。主持人用连接语不外乎承上启下：

肯定前面的,画龙点睛;呼应后面的,渲染蓄势。运用连接语连接时,方法多样,可以顺带,可以反推,可以借言,可以直说,也可以设疑和答问。总之,不要拘泥于一种方法,一种模式,呆板地“下一个节目是——”“下一位讲话的是……”而应以别开生面、恰到好处为原则。

同时,会议主持人要善于引导与会者积极发言。引导的方法很多,可采用点将法、激将法或提问法等。适时、适度地提问,可以调动与会者的答疑兴趣。不论采用什么方法,主持人都应积极主动地使会议顺利进行,而不至于出现冷场的局面。

三、应变有术

主持一场活动,难免会遇到麻烦或变故,对此,主持人应设法加以应付。这里介绍几种方法:

1.如何应付“冷场”。在某些场合,如会议,主持人常常会碰到“冷场”现象。“冷场”是由各种原因形成的,或是与会者对会议主题内容不熟悉,或因为没有充分的心理准备,或有人生性胆怯,不习惯公众场合的发言或表演。此时,主持人要注意分析“冷场”的原因,采取相应措施打破僵局。除了运用前面所讲的点将、激将、提问的方法外,主持人还可以自己做示范,自己带头先讲,以启发他人,抛砖引玉。另外,反复重复强调会议的主题、意义,消除听众的各种顾虑,也是激发勇气,扫除障碍,打破僵局的好办法。

2.如何应付“变故”。在活动主持过程中,最能体现主持人机智灵活的是处理各种各样的变故。如在某次企业内部的联谊晚会上,发生了一次小小的变故,因主持人的巧妙应付,才避免了尴尬的局面。当时,主持人在报节目时,产生了小小的疏漏,他把妻子的名字说成是丈夫的,而把丈夫的名字说成是妻子的,引起台下哄堂大笑。但主持人并没有只说一句“对不起”就敷衍了事,而是加进了一句:“我之所以讲错,是因为这两个名字经常出现在一起,这对夫妻太恩爱了,我们愿所有的家庭,所有的夫妻都能像他们那样,恩恩爱爱,美满和睦。”主持人的机智赢得了台下观众热烈的掌声。

3.如何应付“偏题”。讨论会、新闻发布会以及其他一些会议,常出现偏离中心的现象。如新闻发布会上,有些记者的提问离题太远,超越了中心议题等。遇到这种情况,主持人应正确把握会议主题,灵活机智,把不利局面扭转过来。这时,应善于提醒记者和与会者,明确会议的主题和中心。但话语要得体,不能伤害对方的自尊心。另外,也要把握好整个会议的时间,见好就收,以防再次出现“偏题”现象。

展览会解说口才

展览会是一种通过实物、文字、图表等来展览成果、风貌、特征的社交活动。在这项活动中,解说者起着关键性的作用。由于展览会的解说不仅要有宣传性、鼓动性,还要有趣味性,使听众产生兴趣,获得知识,因而解说者必须具有良好的口语表达技巧。具体说来,要求解说者的解说必须明晰、概要,语气亲切柔和。

一、明晰

解说其实就是口头说明,因此,应当以明晰为第一原则。明晰即清楚明白,也就是说在解说过程中,解说者要把解说对象清清楚楚明明白白地告诉观众或听众,让人听起来不费力。为此,要力求做到以下三点:

1.解说方法恰当。作为企业产品的解说,多采用分项说明、数字说明和图表说明的方法。分项说明指对比较复杂的事物按一定的标准逐条进行说明。如说明某种产品的特点,就要根据这种产品的不同构造一项一项加以说明。数字说明是运用数字的特点,使说明具体化。图表说明则借助插图、照片和表格来说明事物,解说过程中，就要依据这些图表进行解释说明，并作必要的补充。

2.解说有序。即根据事物需要说明的顺序，有条理地说出来。比如对产品使用注意事项的说明，就要用“先是……”“再是……”“最后……”等顺序一项一项说明清楚。这样条理才清晰，程序才得当，也才能使观众和听众易于理解。

3.尽量做到口语化。平易朴实，简明准确的语言才易于为听众所接受，听起来才明白、易懂。

二、概要

展览解说有时需要详细说明，但更多情况下是抓住事物的主要特点和主要情况，进行简明扼要的交代和简要概括的说明。如介绍某种产品，只需概括地说明该产品的历史、性能、特点以及获得的荣誉即可。这是因为解说受时间限制，解说时间短，涉及面又广，不可能面面俱到，所以要求简明扼要，清楚明白。

三、亲切

语气亲切柔和，语调不紧不慢，是解说的基本特点和要求。解说切忌生硬背稿，照本宣科。尽管解说词大多已事先准备好，但生搬硬套总让人难以接受。而娓娓道来，如叙故事，如数家珍，则让人备感亲切。因此，要吸引听众和观众，就需在语调、语气上多下功夫，这样，才能真正达到解说的目的。

典礼仪式口才

典礼仪式包括节日庆典，开工、竣工典礼，发奖、授勋仪式，开幕式，签字仪式等。

在典礼仪式中，主宾之间一般都要致辞。在致辞中，可以看出致辞者的口才如何。

典礼仪式中比较常用的致辞有以下几种：

一、迎送致辞

包括欢迎辞和欢送辞。欢迎辞是指代表组织或企业在宴会、酒会、茶话会上向客人表示欢迎和日后团结共事的愿望。一般分为三个部分：开头表示对来宾的欢迎，中间对过去交情的回顾，最后表达今后进一步合作的愿望以及前景的展现，当然依内容的不同而有所侧重。

例如：

中美建交时，周总理在人民大会堂宴会厅设宴招待尼克松总统所致的欢迎辞便由三个部分组成：首先表示对尼克松总统和夫人的欢迎；其次，揭示了欢迎的理由和根据："由于大家都知道的原因，两国人民之间的来往中断了20多年。现在，经过中美双方的共同努力，友好往来的大门终于打开了。"中美建交，"这在中美两国关系史上是一个创举"。说明这种欢迎不是客套话，是有实质性内容的，是真诚的，从而使开头的口头欢迎变得实在而有分量。最后便是结束语，表明自己的愿望及良好祝愿：希望"通过双方坦率地交换意见，弄清楚彼此之间的分歧，努力寻找共同点，使我们两国的关系能够有一个新的开始。"这篇欢迎辞因内容的针对性强和合理的结构、得体的措辞而成为欢迎辞的典范。

欢迎辞中间部分内容可视具体情况灵活变动。如欢迎来本单位工作的致辞，除表示对他们的欢迎和客观评价他们的特长外，还可以简单介绍本单位的情况，希望来者在新天地里施展才干，做出成绩。

欢送辞就是主人为客人送行、告别，基于情感和友谊而说的话或发表的演讲。社交活动的欢送辞主要表达一种依依惜别之情以及对过去一段时间合作的肯定，结尾处则应有鼓舞、振奋和祝愿之语。

欢送辞还应注意措辞，讲究文采，适当运用名言、典故、成语、诗词或形象化的比喻等。如一位企业家在欢送来访客人的宴会上说："过去，我们交往只是一条小路；现在，却是一条宽敞的大道。我相信，我们的友谊和交往一定会成为一条高速公路。"比喻贴切，恰到好处地道出了他内心的祝愿。

二、贺庆致辞

开张、庆典等活动，需要贺庆。贺庆致辞主要是客方向主方祝贺致辞。通过祝贺，表示对对方的理解、支持、鼓励和祝愿，以增进友谊。

一般说，祝贺是针对喜庆意义的事，因此不能说不吉利的话或使人伤心不快的话，而应讲吉利的、欢快的、使人快慰和感动兴奋的"好话"。如祝贺企业开业，除了开头表示热烈祝贺、结尾表示衷心祝愿外，中间内容也要根据自己与对方熟悉的程度多赞美对方。从企业开张的充分准备，领导们的不懈努力到员工们的协助配合，以企业今日的开张到美好的前景展望，祝贺词应不吝赞美语，给喜庆的典礼更增添一份喜庆的气氛。

祝酒词也属贺庆致辞之类。在庆贺的酒会宴会上，主、宾双方都要互相敬酒并祝词。祝词有即兴发言，也有准备好稿子的。祝酒词一般分三段。如主人致祝酒词，一般包括：感谢来宾光临酒宴，阐明宴请的目的，对未来的美好祝愿。祝酒词话语要简短，最好有点文采和幽默感，词语可稍加修饰，但不要矫揉造作。我国某市市长出访德国马尔巴赫市时，曾在一次晚宴上讲了一段精美的祝酒词——

让我端起金色的葡萄酒，在诗人席勒的故乡，用他著名的《欢乐颂》里的一段话，为我们已经签订的盟约干杯！"巩固这个神圣的团体，凭着这金色美酒起誓：对于盟约要矢志不移，凭星空的审判起誓。"

这段祝酒词突出该市是席勒的故乡这一典型特征，引用席勒的名诗名句，把酒会的欢乐气氛及双方长期友好合作的愿望表达得淋漓尽致。

三、答谢致辞

在社交活动中，答谢辞是一种回报对方的重要形式。孔子说："来而不往，非礼也。"答谢辞正是为了感谢对方的祝贺、帮助、盛情款待而应有的礼节性致辞。答谢辞最重要的是要诚心诚意，有真情实感，令人听后感到愉快、亲切。构思答谢辞的最好方法是根据过去或正在进行的具体事情，找出它的具体细节并从中把自己的感受和认识讲出来，作为诚致谢意的依据，从而避免虚浮、空泛。答谢辞有的事先准备好，也有的是即兴的。

在典礼仪式中致辞时，应注意以下几点：

1.注意场合和对象。致辞总是在特定的情境下进行的，因此一定要考虑到特定的环境、特定的对象，要与当时的气氛相融，要与听众对象的情感相通。

2.注意开头和结尾。"好的开头是成功的一半"。开头应不落俗套，富有新意和吸引力。在公众场合的致辞，如果开头吸引不了听众，你就不能有效地集中大家的注意力，再好的内容，也不会有几个人听进去。结尾也很重要，要做到干脆、有力，给人以鼓励、希望和信心。

3.注意内容和措辞。致辞时目的要明确，内容富有针对性，应明确提出活动的宗旨和要求，表明主宾态度。语言要求明快热情、简洁有力，切忌东拉西扯，旁征博引。措辞要有鼓动性。庆贺典礼宜多用赞扬话，以增强喜庆气氛，鼓舞人心。

4.注意体态和风度。致辞者一般应站立发言，称呼要得当，体态要大方自然，气质优雅，根据讲话内容致礼于听众对象，时而含笑环视其他听众。还可以用鼓掌、致敬等动作加强同听众心灵的沟通，以增强表达效果。

婚礼司仪口才

结婚乃人生中的一件大喜事，故大多数人结婚，都要举行典礼仪式。婚礼能否圆满成功，固然与环境、各方面准备等因素有关，但其主要因素之一，就是看有没有一个善于随机应变、口才出众的司仪。

妙语生花的司仪能使婚礼分外红火、热闹，不仅能使来宾们在笑声中享受到乐趣，而且能使人们增长知识，得到教益。更可贵的是司仪的有些话能给新婚夫妇留下深刻印象，即便是他们到了“银婚”“金婚”之年，子孙满堂之时，一提及当年的婚礼，仍会忍俊不禁。可见，司仪的口才对于增进友谊，发展爱情，具有不可忽视的作用。那么司仪究竟应该怎样发挥其口才的作用呢？应注意以下几种方法：

一、妙语开场，渲染气氛

俗话说：“万事开头难。”主持婚礼也不例外。司仪在婚礼开始时，必须用幽默、风趣的语言，把来宾们的注意力吸引过来，借以渲染热烈气氛，为下面各项“节目”的进行做好铺垫。

妙语其实多得很。它既可以取材于生活，又可以取材于古今中外文学作品，但值得注意的是，妙语要有针对性，要切合新郎、新娘以及来宾的特点，即要考虑他们的文化程度、思想修养、生活习惯等。例如：有一次，一位较有文学修养的青年结婚，来宾中也不乏文学爱好者。典礼一开始，司仪说了一段这样的开场白：“今天，承蒙莎士比亚派遣，我不远万里来为罗密欧与朱丽叶主持婚礼，感到了十二万分荣幸……”话音刚落，新娘忘了拘谨，新郎神采飞扬，来宾们开怀大笑，会场顿时沸腾起来了。

二、借题发挥，别开生面

有了良好的开端，事情就成功了一半。接下去在每个“节目”的进行中，司仪都要见景生情，即兴发挥。这样才能推波助澜，使婚礼的气氛益趋生动、活泼。

例如，有一次，当证婚人宣读结婚证书时，司仪发现新娘的名中有“燕”字，正好新郎名“英”，就索性即席吟诗一首，作为对新婚夫妇的祝福：“爆竹声中比翼飞，莺（英）歌燕舞紧相随。幸福征程互勉励，双双携得捷报归。”顿时会场上掌声雷动，连新娘都情不自禁地鼓起掌来。再如：新郎送给新娘一束鲜花，新娘送给新郎一块手帕，司仪就可以说：“鲜花虽美难比新娘貌美，手帕再好怎及新郎心好。”总之，在婚礼进行的过程中，借题发挥的机会很多，只要注意寻找，动脑思考，便可捕捉到。

三、幽默风趣，意味深长

既要“逗趣”，又要耐人寻味，这是司仪语言的主要特点。但幽默风趣并不等于无聊地插科打诨，更不等于庸俗地耍贫嘴。所以，司仪的语言要含蓄、文雅，切忌低级粗俗。一位哲学家曾经说过：“幽默是具有智慧、教养和道德上的优趣感的表现。”有口才的司仪都长于用幽默隽永的语言取代低级、无聊的玩笑，寓教于乐，使婚礼在欢声笑语中充满高尚的情趣。

导游口才

俗话说：“舞蹈演员靠双腿，导游人员靠张嘴。”那么，作为一名导游人员，怎样运用自己的口才为游客倍添游兴呢？这就需要根据游客的特点和当时当地的情境，灵活地运用以下几种方式：

一、描绘式

用具体形象、富有文采的话语描绘风景，使其细微的特点显现于游客眼前。如在景色如画的苏州西洞庭山的石公山上，一位导游员对游客描绘说："朋友们，我们现在就是身在仙山妙境。请看，我们的背后是蜿蜒葱翠的丛林，面前是无边无垠的太湖。青山绕着湖水，湖水托着青山。山石伸进了湖面，湖面'咬'进了山石。头上有山，脚下有水。真是天外有天，山外有山；岛中有岛，湖中有湖。山如青龙伏水，水似碧海浮动。"接着，他把嘴凑近手提话筒，跌宕有致地口占一绝："茫茫三千顷，日夜浴青葱；骨立风云外，孤撑涛声中。"听了这位导游员的描绘，游客们就像在观看彩色立体风景影片的同时，又听到了优美的画外音，喜滋滋、乐陶陶，美不可言。

二、介绍式

用准确简洁的语言做介绍，目的是让游客初步了解景物，然后再自己去欣赏品味。有位导游在带游客去苏州城外时，这样介绍："苏州城内园林美，城外青山更有趣。那一座座山头活脱脱像一头头猛兽，灵岩山像伏地的大象，天平山像金钱豹，金山像卧龙，虎丘山犹如蹲伏着的猛虎。狮子山的模样活似常年回头望着虎丘的狮子，那是苏州一景，名叫狮子回头望虎丘。"游客们在游览时，根据导游的介绍，品味各座山的不同模样，尝到了观景的乐趣。

三、畅想式

面对浩瀚无垠、海鸥轻翔的大海，眼望飞湍奔流、日夜不息的长河，游客们往往会思绪万千，感慨丛生。这时就需要导游以畅想式的语言，说出一些饱含哲理的话，帮游客抒发出想说而一时说不出或说不透彻的话来，从而得到很大的满足。如在号称"海天佛国"的普陀风景区，一群游客登上当地最高的佛顶山，俯览大海，仰望苍天，个个静思无语。此时，导游就在一旁做畅想式独白："朋友们，脚下那锦鳞片片、白帆点点的水面就是东海，多少年来，这海拥抱着、冲刷着佛顶山，以它特有的英姿启迪着人们：海是辽阔的，胸怀无比宽广；海是厚实的，什么都能容纳；海是深沉的，永远那么谦逊……常看大海，烦恼的人会开朗，狭隘的人会豁达，急躁的人会沉稳……”听着这充满人生哲理的话语，游客们获得的又岂止是山水美景？

四、述古式

向游客叙述有关历史人物、神话故事、轶闻典故等，能沟通景史，使游客既丰富了历史知识，又更好地了解美景。有位导游在带游客远眺苏州东山沿湖诸峰时，这样述古：“两千五百年前，那里是吴国的前哨阵地。南望坡、北望坡是两个瞭望哨；铜鼓山是擂鼓报警之处；鹦鹉墩是演武墩的谐音，是吴王夫差训练水兵的地方。相传范蠡、西施隐居的地方，就在石公山西南湖面的三山岛上……”游客们听得入了迷，禁不住说：“听了你的介绍，我们置身的空间仿佛容下了两千五百年的时间，这滋味是单纯浏览山水所无法得到的。”

五、逗趣式

游客的兴趣是能动的，经常转移的，常会由此转移到彼；兴趣程度也会时增时减。劳累、景观重复等原因会使游客情趣降低，这时，导游就要用逗趣式的语言，让游客在笑声中消除疲劳。如一位导游带游客游苏州西园时，发现大家面露倦容，就站到五百罗汉堂里那尊“疯僧”雕像前说：“朋友们，这塑像可怪了。他有个雅号叫‘十不全’和尚，就是说有十样毛病：歪嘴、驼背、斗鸡眼、拈风耳朵、癞痢头、跷脚、抓手（曲偻着的瘫臂）、斜肩胛、鸡胸，外加歪鼻头。别看他相貌怪，但残而不丑。从正面、左面、右面看，他的脸分别给人欢喜、滑稽、忧愁三种感觉……里面那五百罗汉，尊尊不同。请耐心去找找，里面一定有一尊的脸形是像你的。”风趣的话语，逗得大家哈哈大笑，游兴顿增，疲劳也瞬间消除了。

六、猜谜式

人们都喜欢爱猜谜。导游如能结合景观编些谜语，既介绍了景物，又增添了情趣。例如，有位导游在杭州九溪十八涧对游客这么说："清代文人俞樾到此，诗兴大发，挥笔写道：'曲曲环环路，叮叮咚咚泉，远远近近山……'前面已用了叠词，朋友们猜猜看，第四句写树时，俞樾用的是什么叠词？"游客们议论纷纷，一时谁也没有猜出来。最后在导游的启发下，有位游客猜出是"高高下下树"。大家惊佩俞樾用词精妙，这"高"和"下"贴切传神，活画了沿山而长的树木的情致。再如，游无锡蠡园时，导游让游客先看春、夏、秋、冬四个亭子中的春亭，指着亭中的匾说："春亭挂匾题的是'滴翠'，表达了春天的绿，有特色，那么，夏、秋、冬三个亭会用什么题匾呢？大家猜一猜？"一石激起千层浪，游客边猜边看，猜中的笑逐颜开，未中的敬佩题匾者文笔之妙。

七、答问式

即针对游客的提问做介绍，力求有问必答，应答如流，答得提问者满意，旁听者有味。这应该是导游人员必须掌握的基本功。答问式的导游不仅针对性强，还能使导游和游客间的感情融洽起来。

第四章

社交口才

在社交中，应对的口才如何，是一个重要的因素。一个人说话能力越强，就越能在各种社交场合中表现得潇洒自如，游刃有余。说话能力弱的人往往充当的是陪衬角色，成为默默地听众。因此，培养和掌握社交口才的技巧，成了现代人取得事业成功和生活快乐不可缺少的必备素质。

初次交谈的禁忌

初次交谈，不能只想着如何打开对方的“话匣子”，而自己却什么也不说。如果只有一方侃侃而谈，很难做到顺利交流。一般情况下，如果对方说七分，那自己就得说三分，这样的分配最恰当。

初次见面想要让对方能够侃侃而谈，除了需要一些技巧外，还要掌握好分寸，不该问的话，不该说的话一定不要去涉及。要先将自己介绍给对方，然后再向对方发问，让对方回答有关自己的事情。如果不这样安排，容易演变成对方只是一味地回话而已。例如：请问您住在哪里？平常都做些什么消遣？家里有几个小孩？像这样单向的交谈，就像是警察盘问犯人一样，会让对方感到不舒服的。在对方说话的同时，如果能够适时地接下话题，谈出自己的看法。双方的谈话也会更加和谐、自然。

如果你与刚认识的人在一起谈话或与人谈论你不认识的人，最好的办法是从一个话题到另一个话题地试着说，如果某个题目不行，再试下一个。或者轮到你讲话时，可讲述你曾经做过的事或想过的事，计划旅行或其他我们已经谈过的话题。不要因为片刻的沉默而慌张，让它过去即可。谈话不是竞赛，像跑步一样拼命地冲到终点。

初次交谈要注意自己的言行举止，树立自己的良好形象，以下建议或许会给你有所启发。

1.保持仪表整洁大方，不要不修边幅

穿着打扮以和谐、得体为度，忌讳过分华丽、粗俗或与身份不配。

2.守时讲信用，不要随意违约

每个人都希望别人讲信用、守时间，对说话不算数的人非常讨厌。

3.待人和气,有人情味,不可冷若冰霜

无论生人熟人,权高位低都是人,每个人都有自尊心。以礼相待会令别人对你心存好感,拒人千里之外,没有人情味的人,是不会赢得别人尊重的。

4.乐于助人,不要只顾自己

现在是一个讲究“双赢”的时代,那种一心为己的人最终只会被人识破而众叛亲离。对别人的关心和爱永远是有价值的,人离开了情就是一架机器而已。

所以在跟陌生人说话的时候应该知道,该说的时候要说,不该说的时候就不要说,以免言多有失。有时候保持沉默的态度,多给对方说话的机会,这是一种风度,也是一种礼貌。有的人爱争辩,常以为自己的理由多,可是往往是赢得了言语,却输掉了友谊,引起人家的反感,这就是不会说话的表现了。

交谈中要注意以下几个方面:

1.要记住一些必不可少的礼貌用语和一些说话的禁忌

两个人一见面开口说“您好”,则交谈会显得和谐与自然。“请”“您好”“谢谢”“对不起”“没关系”,这些礼貌用语对我们拥有一个良好的人际关系有着十分重要的作用。

2.要学会发问的方法和回答的技巧

每个人都喜欢保持自我,问他容易回答的问题,问他喜欢回答的问题,给别人发言的机会。这一切都能给人良好的印象。

3.掌握说话的时机

同样一句话,在不同的时候说出来,也许会有两种截然不同的结果。例如,在某人摔了一跤,爬起来之后,朋友问他“你还好吧?”这样的话可以使两个人之间的友谊倍增;如果换作是在某人事业取得极大成功,朋友们正在为他祝贺时,你贸然的一句“你还好吧?”别人可能会以为你正给他泼冷水,引起对你的不满。

4.不要背后论人长短

人与人之间难免有意见相左之时，当面坦率讲出来，容易被人接受；当面不讲，背后乱讲别人坏话最令人反感，因为对方本身易将心比心地推及以后，认为你会背后议论他的短处，从而对你采取戒备心理。这样在贬低别人时也损害了自己的形象。

5.不要人云亦云

有些事情我们并不了解，陌生人见面更应慎重交谈，有些事情纷繁复杂，如果统统不加分析地予以传播，一则表现出自己缺少主见，二则难以让对方建立起对你的信任感。

6.交谈中不要自诩自夸

任何人都有或大或小的成绩，然而成绩应由他人去评说。一句自夸的话，往往是一颗丑恶的种子，一旦由你口中播入他人的心田，便会滋长出令人生厌的幼芽。

7.切忌急于应答

假如对方提出的是一个十分简单而又极其明了的问题，你大可不必脱口而出，而应在对方提问完毕后半分至一分钟后才予以回答；对于一个你不想回答而又无法回避的提问，含笑不答是最巧妙的回答。要是对方说话中出现错误，你想纠正，最好先肯定其中正确的成分，然后一一陈述自己的观点。这样，才不能使对方感到尴尬。

8.语言要简洁

初次交谈，不要啰里啰嗦，更不要重复。朴素诙谐的话语，能给人以快感。但是，一个词不管多么新鲜诱人，若出现过频，也会大失光彩，使人顿觉乏味。

9.不要急于告辞

谈话要掌握火候，在双方谈得兴高采烈、融洽无间的时候提出告辞最适宜，而且应选在自己讲完话时，这样做既可节省时间，又可使对方留恋之情油然而生，萌生一种企求能再次见面的愿望。

总之，你若能掌握以上这些技巧，学会与陌生人说话，对自己建立一个良好的人际关系有着莫大的好处。商量的话，关心的话，体谅的话，都会使你拥有许多的朋友。掌握了与陌生人说话的艺术，你就将拥有一片广阔的天空。

自我介绍的艺术

在社会活动中，互不相识的人见面总免不了要自我介绍。自我介绍包括对姓名、年龄、职业、住址、经历及特长等几个方面的介绍，应根据场合和需要的不同来决定其繁简，一般的朋友聚会只需说出自己的姓名、身份即可。

自我介绍时，态度要平和，要清晰地报出自己的姓名，并用微笑来表达自己的友好。同时还要掌握好分寸，不要有意抬高或贬低自己，这会让人产生反感，而不愿与你来往。

自我介绍实际上是一种自我推销，它给别人留下的是第一印象。一般来说，自我介绍时要注意以下几点：

一、平和自信

初次交往，都想互相多了解对方，又都想被对方所了解。自我介绍时就要大大方方、不卑不亢，切不可羞涩忸怩、吞吞吐吐、左顾右盼。应该勇于向他人展示自己，树立自信，让别人产生希望与你交往的愿望。

二、繁简得当

应视交际的需要来决定介绍的繁简。一般说来，参加聚会、演讲、为他人办事、偶尔碰面、为单位公关等，自我介绍宜简约些，只要介绍姓名和工作单位即可；而在另一些场合，如求职、恋爱、找人办事、招标时投标、深交朋友等，则可以介绍得细致一点。

三、把握分寸

介绍自己要有自谦和自识，自我介绍少不了介绍“我”，但要把握好分寸。有的人自我介绍时，左一个“我”怎样怎样，右一个“我”如何如何，叫人听了反感；有人把“我”的形象树立得很高大；更有甚者，一提到“我”时便扬扬得意，这样的自我介绍都不会给对方留下良好的印象。

掌握分寸，关键要以平和的语气说出“我”，要目光亲切、神态自然，这样才能使人从这个“我”字上感受到你自信、自立而又自谦的美好形象。切不可自吹自擂，一般不用“很”“最”“第一”一类的字眼，这样才能使对方对你产生信任感。

四、巧言介绍

加深印象是自我介绍的目的。自我介绍首先要介绍自己的名字，并对“姓”和“名”加以解释，你解释得越巧妙，别人对你的印象就越深。这可以反映一个人的知识水平和性格修养，也可以体现一个人的口才。

一个人的姓名，往往有丰富的文化积淀，或折射出凝重的史实，或反映时代的乐章，或寄寓双亲对子女的殷切厚望。因之，巧解姓名有时也令人动情，加深印象。

五、独具特色

简单地介绍姓名留给人的印象非常平淡，使自己的自我介绍独具特色才能给他人留下深刻的印象。

谭飞是一个个子不高，戴着眼镜的电视节目主持人，他在向大家介绍自己时是这样说的：“单看咱这形象，不如在电视中那么闪闪发亮，眼不大还有点近视，但这丝毫不影响我的睿智与远见；耳朵虽小，更提醒我要耐心倾听观众的心声。嘴巴也不气派，正说明我不夸夸其谈。喷呐和号角的孔都不大，但同样能怒吼与呐喊；个子虽然矮小了点，可潘长江先生说过‘浓缩的都是精品’。有人说

‘缺点在一定条件下也会成为优点’，这话难免有些夸张，但‘缺点在一定条件下会成为特色’则是毋庸置疑的。”

谭飞的介绍借容貌自嘲这种看褒实贬的介绍技巧给他人留下了深刻的印象。

也可以通过介绍自己家乡的名优土特产或家乡地方特色来自我介绍。一位大学生来自云南，第一次见面时他是这样自我介绍的：“我来自云南。‘云南是阿诗玛的故乡，是个佳丽辈出的地方’，但是大家千万别忘了，云南也是大理石的故乡，相信大家能从我的身上看见大理石的朴实、厚重与刚强。”

其实，掌握了自我介绍的艺术，你就打开了与人交往的大门，完美精彩、独具特色的自我介绍，能在他人的脑海中打下深刻强烈的烙印。

怎样说好应酬话

人们都离不开应酬，应酬是一种实现行为目的的手段和工具。应酬的全过程是把你的一份意思传达给别人，使对方受到感应，从而自动地帮助你、迁就你或同意你的要求，接受你的思想意识的潜移默化的过程。应酬能否达到目的，取决于你能否说好应酬话。

有的人说起话来不伦不类、笑话百出；有的人说起话来扭捏作态，让人浑身起鸡皮疙瘩。说应酬话是人际交往的关键环节，也是一门学问。最常用的应酬话有：见面话、客气话、恭贺话、致谢话、勉励话、赞美话、告别话等。下面我们介绍其中几种：

一、恭贺话

恭喜祝贺是一种常用的交际形式，一般是指对社会生活中遇到高兴事的人表示良好的祝愿和热烈的庆贺。通过祝贺表达你对对方的理解、支持、关心、鼓励和祝愿，以抒发情怀、增进友谊。

从语言的表达形式看，祝贺词可以分为祝词和贺词两大类。祝词是指对尚未实现的活动、事件、功业表示良好的祝愿和祝福之意；贺词是指对于已完成的事件、业绩表示庆贺的祝颂。一般说，祝贺总是针对喜庆意义的事的，因此，不应说不吉利的话或使人伤心的话，应讲一些吉利的话、欢快的话、使人快慰和感动兴奋的话。祝贺要注意以下几点：

1.情景性祝贺总是在特定的情景下进行的，因此一定要考虑到特定的环境、特定的对象、特定的目的，使之具有明确的针对性。

2.情感性祝贺语要达到抒发感情、增进友谊的目标，必须有较强的鼓动性与感染力。因此要求语言富有感情色彩，语气、语调、表情、姿态等都要有浓烈的感情色彩。大多数成功的祝词本身就是一篇短小精悍的抒情独白。

3.简括性祝贺词可以事先做些准备，但多数是针对现场实际，有感而发，讲完即止，切忌旁征博引，东拉西扯。语言要明快热情、简洁有力，才能产生强烈的感染力。有些祝词、贺词要进行由此及彼的联想，由景生情的发挥，但必须紧扣中心，点到为止，给听众留下咀嚼回味的余地。

4.礼节性祝贺词在喜庆场合发表，要格外注意礼节。一般需站立发言，称呼要恰当。不要看稿子，双目要根据讲话内容时而致礼于祝贺对象，时而含笑环视其他听众，要同听者作感情的交流。还可以用鼓掌、致敬等动作加强同听众心灵的沟通，以增强表达效果。

二、勉励话

当别人遇到困难、挫折需要帮助；受到不公正对待渴望公理，受了委屈想要说明的时候，我们应该给以体谅和同情，适时用鼓励的话语去勉励对方。勉励话要能“对症下药”并说得语重心长、真切感人，才能打通思想，给人以信心和力量。

三、告别话

客人告辞，都应以礼相送，可以说些“再见”“慢走”“欢迎再次光临”“以后还请继续指教”等告别话。说告别话的态度要真切、自然，防止出现草率或应付的神情，这样才能使对方有一种值得留恋的余味和友谊绵长的感觉。

对初次来访的人，告别时更应周到、细致些，可主动向他们介绍附近的交通、住宿等情况。

四、道歉话

衷心的道歉是真挚和诚意的表现。它不但可以弥补感情上的裂缝，而且还可以增进感情。道歉话一定要说得诚恳，否则会引起对方更大的反感。可在“对不起”“抱歉”“请原谅”等前面加上“很”“非常”“实在”等加强程度的词语，然后自责自己的过失，表明自己后悔、难过的心情；也可以适当说明和解释，但不要过分强调理由。

说道歉话要说得堂堂正正，不必躲躲闪闪，因为勇于承担责任、纠正错误，是值得尊敬的行为。道歉还要抓住时机，错过道歉时机，越拖延便越难启齿。

五、恭维话

对交谈者给予恰如其分的夸奖，则受之者会流露出喜悦的表情，但恭维不要过于直截了当，例如说：“你是这么聪明的人，一定难不倒，能不能告诉我答案？”让对方觉得你的主要目的不是恭维，这样别人更容易相信你的恭维。

有时候恭维对方的成功效果更好。与其恭维对方的容貌，不如恭维对方的品位和能力。因为品位和能力是自己后天培养出来的，而容貌却是父母给的，不是自己的成功。例如说“你的身材很好”就不如说“你的穿着非常得体”。

注意恭维不能过多，恭维话过多，对方会觉得不自在，也会认为你惯于花言巧语，因而不信任你。恭维得过多，还会妨碍谈话。

例如：你频频跟对方说“你真漂亮”或“你好聪明”，对方就得频频表示客气，或者频频回报你的恭维话，你们之间的谈话就往往无法进行下去。

恭维话要有新意。例如：有一头秀发的女孩最常听到的恭维话是“你的头发好漂亮”，而如果你说“你的一头乌发配上一双明亮的眼睛，真是太吸引人了”，这就有新意了。

在对方想听到恭维话时，不要令其失望。例如：你的朋友对你说：“我昨天买了一套西服，你看怎么样？”这时就算你觉得不以为然，也千万别说“不怎么样”或者什么别的话。你应该说：“难怪你一进来，我就觉得你今天怎么特别的精神。”

对方的名字是恭维的话题。如果别人刚刚介绍你认识对方，这时你不妨恭维一下对方的名字如何如何，这样会使对方觉得你对他很感兴趣。

不说话也可以表示恭维，眼光注视对方，流露出正在倾听对方讲话的表情，也会使对方意识到自己很重要，这是“无声胜有声”式的恭维。

留心对方的反应，当对方听到你的恭维显得不自在或不耐烦时，就不要再说下去了。

应酬话应有很多种，只要我们在生活中留心观察，细心揣摩，就能掌握它的要领。只要掌握了说应酬话的艺术，就能在人际交往中如鱼得水。

聚会时的说话艺术

掌握说话艺术，前提是要清楚什么样的场合说什么样的话。因为说同一句话，场合和对象不同，效果大不一样。每个人每天都要说许多话，可是很少有人考虑说话要注意场合和对象，这毫不奇怪。因为说话就像人们吃饭、走路一样平常，以至于人们习以为常，很少有人仔细地去想想怎样说话，为什么说话要注意场合，自己是不是会说话，等等。人们往往认为自己能说话，能听懂别人表达的意思，这简直就像人知道自己有五官、四肢和身体一样自然，用不着费神去想。其实，大家都知道：熟知的东西不一定真的认识它们，司空见惯的事情往往包含着奥秘。

现代人们各种各样的聚会相当多，聚会的目的在于要相互深入了解，通常人们都采用自我介绍。介绍自己需要注意场合和技巧。有的人口重语少，在自我介绍时像嘴里嘟哝那样说话，不清楚到只能听到姓而听不到名的程度。这样无法给人好的印象。自我介绍时，首先，要考虑时间的限制、场所的条件和机会的制约，积极地使对方确认自己。特别是在聚会时，人数较多，自我介绍，只能简报"家门"，必要时，可说经历、年龄、特长或兴趣。自我介绍应当简洁，让人听了有印象，没有必要全部说出自己经历，不要占用过多时间影响别人介绍。其次，对于出席的聚会，例如各种委员会、职业方面的团体会、纪念会、婚丧、诞辰、祭祀等等，要考虑好聚会的场合，如何相应地自我介绍，要下一番功夫。自我介绍时绝不应使自己卑下。自我介绍成功的人，日后得到新的发展的实例是很多的。成功的自我介绍，能给人留下深刻美好的印象。一想到自我介绍，就觉得会降低自己的身价，这种想法是不正确的。

当然，每个人都有自己的行为准则和价值判断。忽视这种准则和判断而说话的人，不管说得怎样动听，对方都不会接受他的美意。每个人心中的城堡都很坚固，城堡中的自我防卫更加强大。要使双方的价值观念一致接近起来，需要持有同情心，需要对对方所持的认识和价值观念的理解。还有，如果你要介绍别人，要充分尊重别人，客观介绍，不要降低别人。人总是很注意自己在别人眼中的地位。

因此，在介绍他人时，这些细节千万不能马虎。如在宴会上，你引见两位朋友认识，简单地说“这位是某先生，这是某小姐”，无异于在念两个符号。可以改说：“某先生年轻有为，已经是主任了。某小姐去年被选为‘校花’。她出身名门，上次荣获文化奖的就是她的伯父。”如果你说到这种程度，两人都会感到由衷的高兴并对你产生好感。

出席宴会，客人都要互相交谈，说些什么内容好呢？如果宴席是西餐式盛宴，座位大多是固定的，因此，说话仅限于两旁的人，越过两边的人同他人说话是不礼貌的。若两旁是丈夫或亲友的话倒是令人高兴，可说些丈夫或家里的私事，这时谈论朋友或熟人的琐事是不合时宜的。无论关系多亲密，在社交场合一定要和别人说些与宴会气氛相符的话。当然，坐在两边的人有可能是初次见面，根据西方风俗也可能是男女相隔而坐，所以极有可能在你两边的都是陌生的男人。那时你若自始至终默默不语，只顾一味地吃、喝，别人会认为你“没修养，没准是为了吃喝而来”，或偶尔别人同你搭话，你也只回答“嗯，嗯”，那会被人当成白痴耻笑。

欧美许多训练有素的绅士，在就座前看见陌生的女人，会殷勤地介绍说：“您好，我叫××。”女士会坐着自我介绍说：“晚上好，我叫……”可我国男人中未受过社交训练的大有其人，无动于衷地坐着，有的还一个劲地吸烟，旁若无人。所以，你应该向自己左右两旁的人主动自我介绍，然后，再考虑说话方式。如，“您住在哪儿？”这样开始还算好，可接着“做什么工作啊？”“哪个大学毕业啊？”这都是忌讳的问题。别人很可能是难以相告的职业或是没上过大学。想知道对方年龄或结婚与否也不能直截了当打听，这是常识。若无论如何想知道，也必须通过第三者。

此外，在宴席间谈论有关政治、宗教、种族问题，这是西方和许多国家餐桌上的忌讳。因为谈论这些很可能引起意见对峙而产生不必要的争论。如果在宴会上大家都谈兴盎然，海阔天空，你千万不要打断他人。而要说些使众人普遍爱听的话题，这样谈话可轻松地进行下去。你若能在宴会上如此潇洒自如，那你一定会显得与众不同。

总之，参加聚会时，要善于谈话与表达，能够使人一见如故，引人注目，显出强者的风姿。社交谈话是一种特殊的艺术，必须逐步学会如下要领：

1.不要千方百计去说自己想说的话，而应全力构思对方要听的话，说话的目的不是炫耀自己的长处，而应吃准人们的兴奋点，用寥寥数语使对方兴趣盎然。

2.不要絮叨不休，令人生厌，而应在对方感到回味无穷而渴望再听时，见机终止，给人留下深刻的印象。

3.不要单独与一人长谈，给人以亲疏不一的感觉，应周旋于大众之间，照顾群体的感受。

4.不要表现自己的深奥哲理，而应去表达自己的学识渊博。交谈时，内容应有新有旧、有浅有深、有俗有雅、有远有近、因人而异。

5.不要强烈地表现自己，而应始终抱着谦恭、随和的态度，使人留下良好的第一印象。要注意自觉塑造自身角色，自知偏于呆板者应活泼些；自知偏于拘谨者应大方些；自知偏于严肃者应和蔼些；自知偏于轻佻者应稳重些；自知偏于傲慢者应谦逊些；自知偏于卑夷者应尊重些；自知偏于锋芒者应含蓄些，如此注意说话场合、对象，就能使谈话获得最佳效果。

称呼他人的艺术

与人交往时称呼别人必不可少。“良言一句三冬暖”，称呼就像是进入交往大门的通行证，称呼得体可使对方感到亲切，获得心理上的满足，使沟通顺畅，交往成功。称呼不得体往往会引起对方的不快甚至愠怒，造成交往受阻乃至中断。所以，不论是普通百姓，还是身负一定职务的领导人或企业管理者，要想生活愉快、事业有所发展，都需掌握称呼别人的艺术。

其实，称呼别人并没有什么统一的和固定的模式。称呼人的前提就是要尊重他人，这样，对方心里就会产生一种自豪感和满足感，而乐于与你接触，主动和你沟通，这就使彼此间的交往有了一个良好的开端。在具体称呼他人时要注意做好以下几点：

一、尊重他人，善意称谓

称呼他人首要的一点就是对人要尊重，要抱有一种善意。不管双方处于一种什么样的关系和地位，即使双方感情并不怎么好，关系并不十分融洽，在称谓上也要尊重，这是一条基本原则。这里面当然有一点应当注意：许多称谓是具有双重性的，比如“小胖”“老蔫”等，既可以是一种爱称，又有调侃、轻蔑的成分，如何称谓，要具体分析。不同情况下称谓不当，会让人感到不舒服。众所周知的著名音乐词作家乔羽先生有个尊称叫“乔老爷”，那是从我国早期电影《乔老爷上轿》引用而来的。用此称呼老先生，带有几分亲近、尊重和幽默，很适合乔老的身份和性格，老先生也很认可这个雅号。

二、符合特点，不卑不亢

称呼必须符合对方的年龄、性别、身份和职业等特点。对年长者称呼要借助欢乐的声调，热情的笑容和谦恭的体态等表示你尊重的情感；对同辈则态度诚恳、表情自然、亲切、友好，体现出你的坦诚；对年轻人要注意慈爱谦和，表达出你对他的喜爱和关心的态度；对有较高职务或职称者，要称呼其职务或职称。长者要用“您”等尊称，如“老爷爷”或“奶奶”“叔叔”“大娘”“老师傅”等等，见到20多岁女性而称“大嫂”不合适，因为不能确定其婚否，称“大姐”就比较恰当。

对工人、司机、理发师、厨师等称师傅当然可以，可对农民、老师、医生、军人统称师傅就有些不伦不类了。比如：对农民应称“大爷”“大娘”“老乡”；对医生应称“大夫”；对教师应称“老师”；对国家干部和公职人员、对解放军和民警，最好称“同志”。

随着改革开放的深入，我们对一些职业不是很明确的长者可称“先生”，对女性可称“女士”“太太”等，这也能使对方感到自然亲切，讲求礼貌，而又不失尊重。不能使用“喂”“哎”等称呼他人，同时说话时也不要点头哈腰，满嘴恭维话，让人听了感觉不舒服。

三、符合习惯，有礼有序

如果在同一场合有很多人，就应按一定顺序打招呼。如群体中有长辈、年轻人或异性，打招呼的顺序应是先长后幼、先上后下、先女后男、先陌生人后熟识人为宜。称呼是否得体，能反映出说话人的道德修养、知识水平和文明程度，也能充分体现出说话人的社交能力和交往技巧。如果称呼他人的顺序颠倒混乱，老者会感到不满意，被称呼的人也会陷入尴尬的境地。

此外，还应注意尊重女性，在与同一年龄、身份的人打招呼，应先称呼女性，这会给众人留下你有较高修养的印象。如：

1972 年周恩来总理在欢迎美国总统尼克松的招待会上这样称呼：“总统先生，尼克松夫人，女士们，先生们，同志们，朋友们！”这种称谓客气、周到而又出言有序，体现出了总理外交家的风度，给人们留下了深刻的印象，是我们学习的典范。

除此之外，称呼他人还要考虑到社会习惯、地方习俗等具体语言环境，如果冒冒失失忽略了这些，同样会给交往带来不便。

四、称呼职务，满足他人

有时候，称呼别人不是为了满足自己，而是为了满足别人。有一定职务的人，把别人称呼他职务看作是对对方一种尊重的表示，而乐于接受。

当瑞典国王卡尔·哥史塔福访问旧金山时，一位记者问国王希望自己怎么被称呼。他答道："你可以称呼我为国王陛下。"这是一个简单明确的回答。

除此之外，称谓还要有所忌讳。称谓要让人家愿意接受，应当尽量避开对方不喜欢的称谓，社会上叫俗、叫恶的称呼。比如对三四十岁甚至五十来岁的人，以老相称，许多人很不高兴，就应尽量不用。而现在社会上把一些从事不良行业的女子称作小姐，"小姐"这一称谓的含义有所变化，这使一般年轻女性不喜欢这一称谓。所以，对年轻的女性也应当尽量避开这一称呼。

总之，准确恰当地称呼他人，做到谦和礼貌、不卑不亢，你就会给初次见面的朋友留下深刻美好的印象，使对方乐于与你交往。

道歉的原则和要领

每个人都难免犯错误，与人交往更是难免不说错话。如果你的言行出现了错误，给他人带来了精神上的巨大痛苦和经济上的巨大损失，你就应及时地向对方承认错误，真心道歉，以求得对方的谅解和宽恕。固执己见，从不认错道歉的人，很难在社会交往中受到尊重，更不会有真心的朋友，甚至有时还会受到道德舆论上的谴责和人格、形象上的损害。

那么面对自己的过失应如何向对方道歉呢？这就需要你首先要掌握道歉的原则和要领。

一、道歉的原则

道歉必须掌握两个原则：一是要诚恳；二是要及时。

诚恳和及时，可以从三个方面来理解：

1.真心向对方表示自己的醒悟，并希望能得到谅解

三国时，公孙渊在辽东割据，非常害怕曹操的征讨，就给孙权

写信说要归顺东吴。孙权决定派军队带着钱财去支援他，并封公孙渊为燕王。大臣张昭极力反对孙权这样做，认为公孙渊不可靠，两人为此发生了激烈的争执，孙权最后未能采纳张昭的意见。张昭一气之下，不去上朝。孙权也生了气，派人把张昭家的门堵上了。张昭更不示弱，让家人在门里又堵上一层。后来公孙渊杀了孙权派去的人，孙权这才认识到张昭的意见是对的，于是几次到张昭家去认错，张昭就是不见他。

一次，孙权又来到张昭家门口，高声喊张昭的名字，张昭仍卧床不起。孙权派人烧他的门，本意是想逼张昭出来，但张昭却让人把窗户也关上了。孙权一看，连忙让人把火扑灭，自己一直在张昭的门前站着。

后来，经过儿子的劝说，张昭终于露了面。孙权一看，非常高兴，赶紧把他让到自己车上，一路上自责不已，请张昭原谅。从此，君臣和好如初。

2.表示捐弃前嫌，希望得到帮助

1754 年，华盛顿还是一位上校，率领部下驻守在亚历山大里亚。有一次选举弗吉尼亚议会议员时，一名叫威廉·佩思的人反对华盛顿所支持的候选人。

据说，华盛顿与佩思在关于选举问题的某一点上发生了激烈的争论，他说了一些冒犯佩思的话。佩思把华盛顿一拳打倒在地。华盛顿的部下马上赶了过来，准备替他们的长官报仇。华盛顿当场予以阻止，并劝他们返回营地。

第二天一早，华盛顿递给佩思一张便条，要求他尽快地到一家小酒店去。

佩思如约到来，他是准备来进行一场决斗的。令他感到惊奇的是，他看到的不是手枪而是酒杯。

“佩思先生，”华盛顿说，“犯错误乃人之常情，纠正错误是件光荣的事。我相信昨天我是不对的，你已经在某种程度上得到了满足。如果你认为到此可以解决的话，那么请握住我的手让我们交朋友吧。”

从此以后，佩思便成了一个热烈拥护华盛顿的人。

3.表示承担责任，希望得到理解

20世纪50年代，民主德国总理来中国访问，拟签中德友好互助条约。按照国际惯例，公布要按双方约定的时间同时进行。然而由于记者的疏忽，在条约未签订时，就提前发了消息。周恩来总理看到报纸，立即打电话向已到外地访问的民主德国总理表示歉意。

当天下午，周恩来把有关领导和记者请到办公室开会。在了解问题发生的经过后，他说：“我只在国务会议上提醒记者暂不发表，却没在人大常委会上向记者交代，结果出了问题，这是我的疏忽。”然后，总理才对有关人员指出错误的性质、影响及各自应负的责任和教训。周总理这种主动承担责任的道歉方法，使民主德国总理很受感动、并表示谅解。

真正的道歉并不只是承认错误，而是要承认自己的言行破坏了彼此间的关系。通过道歉表示你对这个关系十分重视，并希望重归于好，这样不仅可以弥补破裂的关系，而且还可增进双方的感情。那么哪些情况需要我们道歉呢？

二、道歉的范围

在下列情况下，都应向对方表示歉意：

(1)同学、亲友和老师托付自己办的事情未能办好；

(2)自己失礼、失手时；

(3)无意中碰撞了他人；

(4)在拥挤的街道、公共车辆上挤了他人或踩了他人的脚；

(5)在食堂排队买饭碰落了他人的餐具；

(6)在商场购物时拿错了东西；

(7)因有事需要打断他人的谈话；

(8)打扰了别人的工作和休息;

(9)敲错了他人的房门或叫错了姓名;

(10)记错了话、触及了对方的隐痛,使对方不高兴。

三、道歉的要领

1.要有真挚诚恳的态度,消除耻辱感

有人认为向人道歉是一种耻辱,这是因为他未能正确认识道歉的作用。

隋朝时,隋文帝命令刑部侍郎将辛檀斩首。刑部侍郎赵绰说:"按照法律,辛檀不应斩首,我不敢奉诏!"隋文帝很生气,对赵绰说:"你爱惜辛檀就不爱惜自己吗?"命令左仆射高颖将赵绰斩首。赵绰说:"陛下宁可杀臣,不得杀辛檀!"赵绰被押上朝堂,剥去衣服,准备斩首。隋文帝又派人对赵绰说:"你究竟想怎样?"赵绰回答:"执法一心,不敢惜死!"隋文帝有所动心,便命令放了赵绰。第二天,隋文帝公开向赵绰道歉,并对他勉励一番。

2.要堂堂正正,不奴颜婢膝

勇于道歉,敢于检讨自己,纠正错误,是一种美德,是令人尊重的,大不必羞羞答答、躲躲闪闪的,也不必夸大其词,一味地自责,甚至于往自己的脸上抹黑。否则,别人不仅不会接受你的道歉,反而会觉得你太虚伪,缺乏真心。

3.如不能马上道歉,日后应找准时机,及时表示歉意

著名文学家闻一多,早年曾是"新月派"诗人,因观点不同,曾与鲁迅有些过节。后来,当他发现是自己错了时,鲁迅先生已经逝世了。于是在纪念鲁迅先生的大会上,他当众表示自己对鲁迅先生的深深歉意。他说:"反对鲁迅先生的还有一种自命清高的人,就像我这样的一批人。"讲到这里,他忽然转过头去,望着墙上挂着的鲁迅像,深深鞠了一躬,然后说:"现在我向鲁迅忏悔:鲁迅对,我们错了。当鲁迅受苦受难时,我们都正在享福。如果当时我们都有鲁迅那样的硬骨头精神,哪怕只有一点,中国也不会像现在这样

了。”对闻一多这种坦诚直率的品德，与会者无不报之热烈的掌声。

当然，如果你觉得道歉的话说不出口，或者是由于某种场合的特殊性不便说出口，不妨用别的办法来替代一下也可以。比如，送一束鲜花，一个微笑甚至做一个动作，递一个眼神，等等。

接受道歉和向人道歉一样，也需要掌握技巧。有一位母亲，孩子们向她道歉后她总要搂抱和亲吻他们。她说：“我要我的孩子明白，他们不必为了得到爱而隐瞒干过的错事。”只要有爱存在，就会有谅解。

当你说不下去时怎么办

在交谈实践中，不少人可能都有这样的经历：引出某个话题后，自己刚讲几句便感到没什么可说的了，或者刚三个回合双方都同时觉得没词了。从交谈艺术的角度看，这种“卡壳”的现象就是由于交谈话题展不开而引起来的。

为什么会出现交谈话题展不开的情况？究其原因，不外乎以下几个方面：第一，参与意识不强烈，交谈是双方或多方参与的语言交际活动，因此，无论是正式交谈还是非正式交谈，参加者的合作精神和意识就显得特别重要。参加者或互有成见，或别有心思，或情绪不好，或自卑怯场，都会影响和挫伤交谈对方的积极性，进而制约交谈话题的深入展开。第二，交谈话题不理想。好话题的标准是：至少有一方熟悉，能谈；大伙感兴趣，爱谈；交谈有所得，有益。如果话题不符合参加者的兴趣、爱好、心理以及当时心情，或过于艰深，超出了大家的知识范围；或容易惹是生非，制造矛盾；或涉及参与者个人的隐私；或无聊，低级下流，一般来讲都会破坏交谈的兴趣，甚至压根儿谈不下去。第三，不了解展开方法。话题的展开不可能有固定的不变模式，但从交谈实践来看，对行之有效的

带有规律性的方法和技巧毫无了解或知之不多，势必会影响交谈话题的进一步展开。

只有情况明，才能方法准。从上述分析不难看出，要使话题谈得下去，而且谈得有意义，参加交谈者首先要端正态度，即交谈者首先得有强烈的参与意识和大力合作的精神，要善于调控自身情绪和抑制孤傲、猜忌、不屑一顾等不健康心理。其次，交谈者自身平时要不断加强知识修养，交谈时要尽可能选择大家喜欢谈而且能够谈的话题。此外，在现实的交谈活动中，交谈者则要特别讲究展开话题的方式和方法。一般来讲，展开话题的方式方法是多种多样的，最常见的有以下几种：

一、激励法

这有两种情况：一是当对方言之有理，谈锋正健，有利于深化交谈主题时，就要鼓励对方把话继续说下去，从而使对方做更详尽、更明确、更清楚的阐述。其具体方法是：(1)要对方补充说明。(2)提问。(3)适时插话，或简述你过去的同样经验以印证说话者的观点，或直接表达你对说话者的观点的理解、赞同。(4)注意变换答语，别老是“是”“说得对”。(5)保持目光的接触，利用积极的面部表情和身体反应。二是如果对方向来沉默寡言，或因故缄口不语，就要采取积极的言语技巧给予赞扬和鼓励，以刺激其交谈兴趣，如：“小王在这个问题上很有研究，我们听听他的意见。”

二、诱导法

抓住对方谈话的内容，顺水推舟，给予适当的引导，以便交谈深入进行。这类引导语很多，如：“你这话很关键，如果大伙就此能取得共识，问题恐怕就容易解决了。”若深谈不下去，也可以直接提出有关话题的某方面问题，引出大家的交谈兴趣，比如说：“事出有因，产生这种情况的原因究竟是什么呢？”

三、补充法

在交谈过程中，如果发现对方的谈话有不够全面、不够深刻之处，可以抓住机会予以巧妙的补充，从而促使交谈话题得到全面深刻的展开。此方法在交谈实践中是经常被使用的。要引起特别注意的是，千万不要为显示自己的地位显要和见解高明而没有什么补充也要“补充”一通。

四、举例法

不少人都有这样的感受：同一个话题，别人讲起来头头是道，实实在在，而由自己来讲总是干巴巴的，几句话一出便无话可说。显然，善不善丁运用举例法是一个很重要的原因。其实，说话和做文章一样，都需要借助具体材料来说明和展开论点。在交谈中为了支持自己的见解，列举一些事例可以起到说明和论证的作用，同时也有助于整个交谈话题的展开。为了表示赞同对方的论点，举例可使对方感到交谈得很投机，有利于拓展话题，就是列举反对或否定对方论点的事例，也可引起对方的思考，进而也有益于对方交谈话题的深入讨论。当然，举例不是目的而是手段，因而选择的事例一定要切旨和典型，断不可滥用。

如何开始话题

一大堆无趣的人坐在一起，面面相觑，却没有人出来找话题，这是最令人尴尬的情形了。此时，正是你开始显示自己才能的大好机会，相信你不会错过。

首先，开场白要让谈话对方接得下去，有些人说话是给自己听，别人的反应如何不在他们考虑之列，这样是无法进行有效沟通的。因此任何开场白得要让对方接得下去。谈话前要考虑气氛好坏、关系深浅和自己的谈话目的，再来选择适当的谈话主题。

一般而言，开场白有三种不同的方式：一是提出问题，二是陈述事实，三是说出意见。比较保险的做法是谈论对方或自己的专长、目前进行的工作或最近发生的新闻事件。你要考虑到哪些话题适合用来刺激沉默寡言的人，要刺激这些人的心灵，让他们发表意见，不妨引入以下几方面的话题：爱国、感恩、尊荣、宽宏大量、仇恨、道德，等等。为了掌握谈话气氛，你要善于从对方的开场白判断他的心理状况。例如当你问候别人“你好吗？”对方的回答是“哎！别提了”，这时候你几乎可以断定他会向你大吐苦水。相反，如果对方用兴奋的语调回答说“好极了，你怎么样？”你可以断定他的心情很好。要注意的是，即使对方说“好极了，你怎么样？”如果他的声调很平，这显示他的心情一般，并且不想与你深谈下去。

如果你是唯一的谈话圈子以外的人，不了解他们谈论的事情及其目的，那你最好的话题是问问题：这个城市它的特征、历史、设施、未来的计划等等，人们喜欢谈论自己，而他们所从事的职业、所居住的城市都是自我的延伸。当然，不要对这些话题发表负面意见。如果在场的有领导，你想得到权势人物的重视。或想让主管知道你这个月的业绩是如何突出，通过第三者进行推介比自我介绍效果要好得多。当然，这个“第三者”应该是你比较熟知的人。

谈话时你要把握由闲聊切入正题的时机，培养这样的本能当然很重要，但也有些技术性的规律，比如应仔细观察哪些人加入或退出了谈话圈子，别人对闲聊是否表现出厌烦以及自己还有多少时间可以准备，等等。如果对方资历很浅，他可以从简单问题入手，使对方感到轻松，因为一上来就谈论宇宙人生或经济状态的大问题往往使人有窒息的感觉，所以当你要引出新话题时，可以先抛出一些简单的问题，当别人感到比较放松时，再转入较深的话题。

如果对方是经验丰富者，你可以多请教意见，少要求信息，如果你问的是信息方面的问题，你可能说得上来，也可能说不上来，前者让他觉得他知道的事情你也知道，后者则会让他觉得自己是个傻瓜。请教别人意见就没有这样的风险，被请教的人通常觉得非常受用。不管他对问题的了解程度有多少，多少都能发表一些看法。你越是重视他的意见，他就越觉得受用。在谈话中，要注意提出新的资料与看法，不要甘于做个应声虫。特别是当别人提出他的看法的时候，即使你完全同意他的见解也不要只是点头或是说"再对不过"这样的话。相反，你应该提出新的资料或看法。这就像打网球一样要有来有往，即使你球技并不怎么高明，也不能只是静静地站在场上唱独角戏。

要注意每个话题的时间该有多长，话题的长短完全要视不同话题的价值及谈话人的兴趣而定。一般而言，节奏关系到谈话有趣与否。如果一个话题"熄火"了，别试着再去"发动机器"，而应转移到新话题上。除非你们所谈论的事情对某人特别重要，否则每5分钟转移一下话题比较合适。

有的时候我们必须给人惊喜或提起别人的好奇心。在这方面，我们有3种方式调整谈话的节奏，这包括升高或降低音调、加快或减慢说话的速度以及增加或减少情感的成分。通常任何细微的改变都能引起别人的注意，这就看每个人的临场发挥了。

怎样正确地插言

有些人缺乏语言交际的基本能力，又不讲究场合和对象，成为不受欢迎的插言者，这是十分让人难堪的事。为了避免大家重蹈覆辙，请注意下列细节：

一、避免"强迫推销"

不要在别人不喜欢的时候插话。虽然你可能是出于好意，但也要视别人的意愿而定，比如你请人吃饭或约会，如果带有"强迫推销”的意味，是不会有好效果的。

二、不要对无伤大雅的玩笑话反应过度

一位主管上班迟到，他开玩笑说这是因为昨天他家跑进来一只大蟑螂，大到可以拉动他的拖鞋。于是大伙笑成一团，而他也得意非凡，认为自己居然能够讲出这么好笑的笑话。有的人就是这样，面对这类无伤大雅的玩笑话我们最好是听过就算，过分计较只会让每个人都感到尴尬。

三、避免问过于不着边际的问题

类似问题包括“应该如何对付贫穷”或“今天的年轻人到底出了什么问题”等，这些问题会让人不知道从何答起。如果你将问题的范围缩小，你会发现别人很乐于回答。

四、不要闯入别人的机密谈话

这样的谈话有一定特征，比如谈话的人挨得很近，对任何走过身旁的人都紧盯不放，等等。如果你不小心闯入了这样的谈话，应该马上道歉，并立即离去。

五、知道应该避免哪些话题

为了避免不愉快的场面出现，最好不要涉及宗教、种族、家庭、经济、恐怖势力、对他人的批评等方面的话题。个人问题诸如你丈夫如何酗酒，你女儿如何吃药，也不会有什么人会感兴趣。

当然，也有些时候，有些人喜欢谈论这些话题，不过还是要小心，以免落入对方的陷阱。

六、如果你对答案没有兴趣就不要提出问题

对方马上会看穿你是没话找话。比如这样的问题：“你不是很爱读书吗？告诉我最近又读了什么书？”这些问题会让对方觉得自己像个傻瓜。

七、避免说些不言自明的话

如果你说："时代真的不同了。"你可能得不到任何回应，这不表示你的话复杂难懂，事实正好相反。因为这是每个人都知道的事，所以对方无从回答。

八、对自己不懂的话题应保持沉默

另一方面的情形是，如果某位仁兄在大谈核分裂的原理，那么你不必指望他在 10 分钟内为你上堂高级物理课。你可以继续听下去以求多少学点东西，也可以悄悄走开。另外，不要对你不感兴趣的话题询问细节。

九、在说错后找寻补救之道

某人是这方面的高手，他讲话有时不经大脑，结果是大家全都默不作声。知道说错话的他有个救命绝活，那就是说："嘿嘿！我刚才的话实在不高明，但它至少让各位打发一分钟的无聊时间。"这时候也会发现同情或体谅的笑容。如果这还不奏效，你只有闭上嘴巴一两分钟，再找个新的话题。

学会说些善意的谎言

一般说来，说谎是不诚实的表现，是一种不良品质。但是，从来没有撒过一次谎的人，世界上是没有的。有人说："我们几乎在会说话的同时，就学会了撒谎。"从某种意义上讲，说谎，成了人们交往与沟通中的一种生活必需。

真诚"谎话"可分为四种：

一、善意的"谎话"

这种谎话是出于对别人利益的考虑，从善良的愿望出发，去编织一些谎话。例如，对癌症患者撒谎说不是癌，以免病人受到刺激，使病情恶化；对生病的孩子撒谎说药不苦，是为了让他把药吃下去，治好病；对老人说他长得年轻，是为了满足他的心理需要，让他生活得更带劲儿；对妻子炒的菜虽感咸点，但却说味道好极了，是为了珍惜她的劳动，保持她烹调的积极性。

二、应急的“谎话”

或者害怕对方斥责，为逃避恐惧而撒谎；或者身处进退两难境地，找借口婉拒朋友之邀而撒谎。比如，恰好要陪妻子上街，这时只好找借口婉拒朋友之邀，也就是在不破坏朋友情绪的原则下，以谎话作为拒绝手段。

三、调侃的“谎话”

在言谈中，为了强调言谈内容的情景，故意把未曾发生过的事编成事实，以增强谈话气氛。英国著名作家、戏剧家兼评论家萧伯纳即说过：“我开玩笑的方法，就是编造真实。编造真实乃是这个世界最有情趣的玩笑。”

四、社交的“谎话”

社交的谎话在社会生活中起着润滑剂的作用。例如，客人的孩子摔坏了杯子，我们会说“没关系，早就想换新的了”，其实未必如此，不过是为了减轻客人的心理压力而已。招待客人时，主人头痛欲裂却装出笑容，以免扫大家的兴，让客人多玩一会儿，其实早就盼客人散去，好上床休息。这种“谎话”具有牺牲自己利益，顾全别人的功能。

当然，讲这种“谎话”，必须记住：你的“谎话”必须是以成人之美、避人之嫌、宽人之心、利人之事为目的。“谎话”的设计应该是自然可信的，任何紧张造作和夸大其词，都会引起听者的怀疑和反感。这种“谎话”使用频率不应太高，更不能真谎混合使用，否则，别人会认为你是个虚伪的人，即使是以利他为目的的那份情，也将付诸东流。

说赞美话应记住哪些要点

赞美有时候没有必要刻意修饰，只要源于生活，发自内心，真情流露，就会收到赞美之效。但要更好地发挥赞美的效果，则需要考虑以下 6 个要点。

一、实事求是，措辞恰当

当你准备要赞美时，首先要掂量一下，这种赞美，对方听了是否相信，第三者听了是否不以为然，一旦出现异议，你有无足够的理由证明自己的赞美是有根据的。所以，要当心，赞美只能在事实的基础上进行，不可浮夸。

赞美的措辞要恰当。一位老师赞美学生："你们都是好孩子，活泼、可爱、学习认真，做你们的老师，我很高兴。"这话很有分寸，使学生们既努力学习，又不会骄傲。但如果这位老师说："你们都很聪明，将来会大有出息，比其他班的同学强多了。"这样就会使学生们傲气，造成不良影响。

二、赞美要具体、深入、细致

抽象的东西往往不具体，难以给人留下深刻印象。若称赞一个初次见面的人说："你给我们的感觉真好。"这句话一点作用都没有，说完便过去了，不能给人留下任何印象。但是，倘若你称赞某个好推销员，可以说："小李有一点非常难得，就是无论给他多少货，只要他肯接，就绝不会延期。"挖掘对方不太显著的、处在萌芽状态的优点，发掘对方的潜质，增加对方的价值感，这样，赞美起的作用会更大。

三、赞美须热情

漫不经心地对对方说上一千句赞扬的话，等于白说。缺乏热情的空洞的称赞，不能使对方高兴，有时还可能由于你的敷衍而引起反感和不满。“嗯，你这条围巾挺漂亮的。”谁都明白这是一种敷衍。若具体地说：“这条围巾挺漂亮的，和你衣服的颜色搭配起来很协调。”显然比空洞的赞扬有吸引力一些。

四、赞美多用于鼓励

自信是成功的一半，用赞美来鼓励对方，能让人树立起自信心，达到事半功倍的效果，尤其在“第一次”。干任何事情，都有开头，有第一次，如果对方第一次干得不怎么好，你也应该真诚地赞美一番：“第一次有这样的成绩已经不容易了。”对第一次唱歌的人，第一次写文章的人，等等，赞扬是对他们最好的帮助，将给人留下深刻的印象。

五、借用第三者的口吻赞美他人

赞美随时随地都能听见，而对面或直接地赞美对方，总给人留下不大好的印象，有点恭维奉承之嫌。若换个角度，换种说法，也许就好多了。以“第三者”的口吻来赞美对方，说：“难怪某某一直说你很不错，今日一见……”可想而知，对方一定很高兴。以“第三者”的口吻来赞美，更能得到对方的信任和好感。因为在一般人的观念中，“第三者”说的话是较公正的。因此，当面赞扬一个人，有时会令人感到虚假，疑心你是否真心，而间接地在背后赞美对方，使对方感到你对他的赞扬是真诚的。

六、赞美要注意适度

过度的恭维，空洞的奉承，或者恭维、奉承频率过高，都会令对方感到难以接受，甚至感到肉麻，令人讨厌，结果适得其反。只有适度的赞美才会令对方感到欣慰。适度因人、因时、因事、因地制宜，需要不断摸索积累，掌握好这个“度”。

如何引荐和介绍朋友

在社交场合中，介绍与被介绍是很重要的一环。你把你的朋友介绍给另一个朋友，你被你的朋友介绍给他的朋友。通过介绍，新的同事得以相识，彼此间的志趣得以了解，新的友谊得以形成，业务上的接触也从此开始了。但介绍朋友也有些技巧，否则就白费了你的一番美意。

其一，在介绍过程中，先提到某个人的名字以表尊敬。

其二，当介绍陌生男女相识时，通常先把男子介绍给女子。当然也有例外，如果男士的年纪比女子大很多时，则应将女子介绍给那位男性长者，以表示对长者的尊重；年轻者被介绍给年长者，以表示对长者的尊敬；地位低的被介绍给地位高的。如果在被介绍相识的两个人或几个人中，有一位地位较别人高，宜将别人先介绍给他。

其三，当双方性别相同，年龄地位相当，未婚者通常被介绍给已婚者，除非未结婚的人年龄比已婚者大很多。介绍时，通常后被介绍者应趋前主动伸出手来，与对方握手。握手后，双方应寒暄几句，如随身带有名片，可以互换名片。介绍时还应注意自己的体态：趋前，微笑，点头，目视对方，举止端正得体。

其四，根据介绍的场合、对象，介绍可分为正式介绍、非正式介绍、自我介绍三种类型。

正式介绍是指在较为正规、郑重的场合进行的介绍。正式介绍应注意以下几个问题：第一，介绍时一般先说“请允许我向你介绍……”。第二，如果将女士介绍给男士，应有一个类似征求意见的表示。第三，当给双方介绍后，介绍人不应马上离开，避免双方因初次接触而感到尴尬。

非正式介绍指在一般的、非正规场合中进行的介绍。在这种场合,不必过分拘于礼节,完全可以依你与双方关系的密切程度和当时的情形,作较为随便的介绍。介绍时语言也比较简单、活泼,也不妨加上"这位是""这就是"之类的话,以加强语气。当向众人介绍自己的朋友时,可直接说:"诸位,这位是我的朋友某某。"

自我介绍是交际场合中常用的介绍方式,它在某种意义上可以说是打开人际交往大门的一把钥匙。在社交场合,如果主人无法抽身介绍,或者忘记了介绍,你就应先作一下自我介绍,表明自己的身份。这样,沉默被打破,彼此便可做进一步的交谈了。有时为了结识某人,在没有介绍人的情况下,也可以直接进行自我介绍。自我介绍中,还可以先请问别人的姓名。如能找出你与对方的某种联系,将使彼此更容易沟通。自我介绍时应注意及时、准确、清楚。

介绍时还应注意:介绍时,要先打招呼,使双方有思想准备,不至于感到唐突。要注意先后顺序。语言要清楚明确,不能含糊其词,使双方记不清或记错对方的姓名。要避免过分赞扬某人,不合时宜的吹捧会使被介绍者尴尬,介绍者本人也会给人留下不良感受,从而使被介绍的双方产生反感,造成难堪局面。介绍后的停留时间要适当,一般应稍停片刻,引导双方交谈,待他们能够交谈后,再借故离开。

另外,在介绍时,最好把对方的供职机关或就读学校顺便说出。至于旧式介绍双方籍贯的办法,对长一辈的还是可以采用。介绍人如果能找出双方的某些共同点更好,这样会使双方的谈话更为顺利。

打电话应注意哪些礼仪

一、打电话时要简短，而且声音要柔和

我们不知道别人有多忙，或甚至认为施压给他为理所当然，这是不对的。千万不要浪费别人的时间。打电话时，要保持柔和、轻松和确实，并尽可能用最短的时间表达你的目的，然后结束。如果你遵循这个原则来打电话，别人会很乐意在办公室里接听你的电话。

二、打电话时，要注意周围的嘈杂声

例如电话的声响、旁人的谈话，或是你吃东西所发出的声音。吃喝的杂声进入话筒后会扩大，这会令电话线彼端的人感觉烦躁。

三、如果你已经拨通电话，但是没联络上，应重新再拨

如果你已经拨了一通电话，但是没联络上，你应重新再拨，不管没联络上是谁的不对。如果你拨错了电话，不要对被你打扰的人发出不悦刺耳的声音，“啪”地挂掉电话。你应该迅速柔和地表达歉意：“非常抱歉，我打错电话了。请你不要见怪。”再挂掉电话。如果你表达了歉意，别人就不会心生愤恨了。

四、准时拨电话给忙人，这对他比较方便

如果你欲与某人联络，而直接打电话到办公室找他，一定要问：“这时候打电话给你方便吗？”如果时间不恰当，你可以重新约个时间再联络。他可能在赶时间，或是办公室里有客人，或是正在参与某项活动，所以没办法接听你的电话。也可能你打电话给他时他在，但是因为没有秘书，或者他有其他约会，因而不方便接电话。所以你一定要问他：“这时候打电话给你方便吗？”这是非常重要的事。

五、注意听对方在说些什么

当你接听电话时，不要一边看其他报纸，或是阅读放在桌上的一篇报告，否则你会错失重要的谈话内容。对方也许已注意到你的兴致不高，他也不知道该怎么办，这样一来，谈话时间就会拉长，比原定长了很多。保持轻松，要有适当的间歇，这样电话就会尽快结束，当然也就越能称心如意。其次，不要突然转身与办公室里的其他人说话，因而打断电话。当你料想必是你的电话时，你的注意力是与你交谈的人最在意的问题，你应该示意秘书或同仁去接听。同样的，当你约了别人来办公室商谈某事，却在这时候一直打电话，这种举动实在无礼且没效率。

六、对无趣的来电者要有礼貌

电话已经很普遍，你一定会经常接到推销东西的电话，要避开这些电话很不可能。来电者也许令你不舒服，因而遭到不必要的斥责。但他们通常是年轻人，才开始创业，斥责他们实在太残忍，因此当有人来电推销东西时，正确的处理方式是告诉他："听着，我不需要任何中介服务或股票咨询。我的这个部门管理得不错，不过我还是很感激你的来电。你的声音很不错，我们也谈得很融洽，看得出来你很细心，我虽然帮不上忙，但仍祝你好运。希望你的业绩卓越！"然后挂掉电话。因为有如此的赞美，相信对方将会满心喜悦，而不会生闷气。

如何向别人表示祝贺

祝贺是一种常用交际用语形式，一般是指对社会生活中有喜庆意义的人或事表示良好的祝愿和热烈的庆贺。通过祝贺表达你对对方的理解、支持、关心、鼓励和祝愿，以抒发情怀、增进友谊。

从语言的表达形式看，祝贺词可以分为祝词和贺词两大类，祝词是指对尚未实现的活动、事件、功业表示良好的祝愿和祝福之意；贺词是指对于已完成的事件、业绩表示庆贺的祝颂。

一般说，祝贺总是针对喜庆意义的事的，因此，不应说不吉利的话和使人伤心不快的话，应讲一些吉利的话、欢快的话、使人快慰和感动兴奋的话。祝贺要注意以下几点：

一、情景性祝贺要考虑到特定的环境、对象和目的

情景性祝贺总是在特定的情景下进行的，因此一定要考虑到特定的环境、特定的对象、特定的目的，使之具有明确的针对性。

二、情感性祝贺语要富有感情色彩

情感性祝贺语要达到抒发感情、增进友谊的目的，必须有较强的鼓动性与感染力，因此要求语言富有感情色彩，语气、语调、表情、姿态等都要有浓烈的感情色彩。大多数成功的祝词本身就是一篇短小精悍的抒情独白。

三、简括性祝贺词要明快热情、简洁有力

简括性祝贺词可以事先做些准备，但多数是针对现场实际，有感而发，讲完即止，切忌旁征博引，东拉西扯。语言要明快热情、简洁有力，才能产生强烈的感染力。有些祝词、贺词要进行由此及彼的联想，由景生情的发挥，但必须紧扣中心，点到为止，给听众留下咀嚼回味的余地。

四、礼节性祝贺词要格外注意礼节

礼节性祝贺词在喜庆场合发表，要格外注意礼节。一般需站立发言，称呼要恰当。不要看稿子，双目要根据讲话内容时而致礼于祝贺对象，时而含笑环视其他听众。要同听者作感情的交流，还可以用鼓掌、致敬等动作加强同听众心灵的沟通，以增强表达效果。

其实，喜庆活动本身就很讲究礼仪，“祝贺”是其中一个环节，

要适时地穿插进去。例如：

祝酒。在饮第一杯酒之前，主人要致祝酒词。祝酒词内容要围绕此次邀请的主旨，一般包括：感谢来宾光临酒宴；阐明宴请的目的；对未来的美好祝愿。话语要简短，最好要有点幽默感，要使人欢愉、使人快慰、使人感奋。为此，辞藻可稍加修饰，但不要矫揉造作。致祝酒词时要起立，致辞后与客人们轻轻碰杯，然后干杯。

贺婚。贺婚词的内容一般包括三部分：对新郎新娘的幸福结合表示祝贺；对新郎新娘的爱情加以赞颂或介绍有关趣事；对他们的美好未来真诚祝愿。语言宜简洁优美而富有激情。来宾祝贺后，可由新婚夫妇作答谢讲话。

如何对付咄咄逼人的人

在与人的交往中，总会遇到一些不通情理、不讲情面的人，他们的嘴皮子很厉害，却不断以咄咄逼人的姿态，非把人逼到死胡同不可。

善者不来，来者不善。你必须以强硬的姿态适当地还以颜色，与其死缠烂打一番，显示你不受欺侮的个性。

咄咄逼人的人，一般是有备而来，或是对自己的条件估计得比较充分，有信心战胜你。说话一般是指向一个地方，对你的要害部位实行“重点攻击”，会令人开始就处于被动位置。

对付的办法有多种，根据情况的不同，你可以加以选择：

一、后发制人

这是使自己能站稳脚跟的最有效办法，特别是中国人，更善此道。在中国古代哲学中，关于“以静制动”“反守为攻”的论述很多。每个人也许都有这个经验：先把拳头缩回来，到一定程度，看准了对方，再猛烈地打过去，打得准，打得狠。

后发制人一般在两种情况下，施行反攻，最为有效。

1.当对方到了已经不能自圆其说的时候。咄咄逼人者，其开始锋芒毕露，也许你根本找不到他的破绽。但是，你应该抱着这么一种观念，他总有不攻自破的地方，总是有软弱的地方，只是你还没发现而已，应等待时机，一旦其锋芒收敛，想做喘息、补充的时候，这时候你就可以反攻了。

2.当对方已是山穷水尽的时候。这时就是对方已经把要进攻的全部进攻完毕，把要打击你的部位打击完毕，而后发现，他连你的“伤口”部位还没找到，其锋芒所指，无非是微不足道的小错误，或者其打击的部位亦不全面，从本质上动摇不了你，这就是所谓的“山穷水尽”。他技穷之时，也是你反守为攻之时。

二、针锋相对

针锋相对即是以对方同样的火力，向对方进攻。对方提什么问题，你就给予十分肯定或否定的回答，丝毫不退让，一点也不拖沓，也不沾泥带水，使对方无理可寻。

三、装作退却，设计陷阱

假如对方的问话是你所必须回答的、不能推辞的，而又要对方跟着你的思路走时，你可以装作退却。对方趁机逼过来，你把他带得远了，让他完全进入了圈套，然后再回过头来对他反击。

四、抓住一点，丝毫不让

这是在你几乎无计可施的时候，对方话锋之强烈，火药味儿之浓，使你无法反击，他提出的重大问题，你却无法一一回答，这种情况下怎么办？迅速找到他的谈话内容中的一个小漏洞，即使再微不足道也无所谓，可以把这一点无限扩大，使其不能再充分展开其他的问题。

五、胡搅蛮缠

胡搅蛮缠是当你理亏时，被对方逼到了死角，而又实在不想丢面子，就可以乱缠一番，把没有理的说成有理的，把本来不相干的事物联系在一起，说成是很有联系的事物，把不可能解决的、不好解决的问题与你的问题扯在一起，以应付对方的连串进攻。

胡搅蛮缠是一种不得已的办法，在某种程度上是不正当的，但却也不失为一种自我保护的方法，特别是当对方欺人太甚、丝毫不留情面的时候。另外，用胡搅蛮缠的方法，可以先拖住对方，以便有时间考虑真正的对付方法。

如何与寡言者交流

遇事闷头思考一言不发的人，由于想得过多，以至于很少甚至忘却了讲话，让他们开口比让铁树开花还难。但是如果你掌握了同这类人交谈的艺术，你就会打开他的话匣子，甚至能使最沉默寡言、最害羞的人也会开口讲一长串话。掌握如下方法，除了使不愿说话者开口，还可以提高你的听力，促进你与这类人的交往。

通过赞扬引他们说话；直截了当地提问；说一些能引发他们反应的评论；一旦他们开始说话，不要打断他们；对他们要作出看得见的积极反馈。这些方法都可以“打破他们的沉默”。以下我们分五点介绍训练的方法。

一、真诚赞扬加适当地提问

即使是最害羞的人听到赞扬时也会心花怒放。你要让不愿说话者知道，听众欣赏并感激他们所作的努力，认为他们的专业知识非常有价值。然后你再让他们详细陈述他们的观点。你可以通过简短的提问暗示他们，只有那些有专业背景和知识的人才能回答你的问题。

再沉默寡言再吝啬词句的人，听到如此积极的反馈也会变得平易近人。在听的过程中，类似的“甜言蜜语”会使你得到你想要的信息。

二、直截了当地提问

少言寡语者，即那些只说“是”或“不是”的人会觉得说话越少越自在。你应该利用而不是抵制这一特点。你也可以利用他们吝惜语言的特点，先弄清你究竟想知道什么，然后直截了当地提出只需回答“是”或“不是”的问题，或者提出只需回答一两句话的简短而切中要害的问题。

三、用有趣的话题引发议论

只要有合适的鱼饵，最不容易上钩的鱼也会上钩。为使不愿说话者打破沉默，你要用容易引起争论的陈述或问题做鱼饵。你可以围绕你想了解的主题，很有礼貌地对说话者提出疑问，或者就现有的理论提出反对意见。当自鸣得意的观点遇到挑战，或有机会拆穿一个广为流传的谬误时，很少有人会无动于衷。

四、不要打断对方的话

一旦你想方设法让不愿说话的人开了口，你就要把自己的嘴闭上，做出非常认真倾听的姿态，让对方有继续讲下去的兴趣。如果你在他们说话时插嘴，陈述你的看法，你就会使他们有借口停止说话。而此时，要再想让他们开口会非常难。即使你想到一个重要问题，或有什么高见，你都不要急着说出来，你要等到不愿说话者已经说完之后再把你的见解说出来。

五、作出适当反馈

要想让不愿说话者继续讲话，你需要告诉他们，他们说的细节非常有趣、非常有价值，纵使他们算不上世界上最好的说话者，你还是非常希望他们能继续说下去。但注意，不要用语言来鼓励他们，这只会让他们分心。

你要运用身体语言，通过看得见的信号对他们作出积极反馈。同意时点点头，赞许时微微一笑。有意识盯着说话人的眼睛，就好像他在说一件你从未听过的有意思的事。

同难缠人的说话艺术

大千世界，各色人物俱全，绝不可能个个都讨你喜欢。而讨厌的人令人头痛、伤脑筋、费精力、耗心血，你必须重视并研究他们。与难缠之人交往，最能锻炼你的社交才能，显示出真功夫。你不必躲避，尽可坦然相对。难缠人大致有这么几种类型：

一、自私自利型

这种人总是以自我为中心，不顾及旁人，一事当前，先替自己打算，以自我利益为最高利益，稍不如意，则会反目为仇。对这种类型的人的交往原则是：

1.满足其合理要求，让他认识到，你绝不难为他，该办的事情都办。

2.拒绝其不合理的要求，委婉地摆出各种困难，巧妙地劝其不要贪得无厌。

3.办事公平。把你的一切计划、安排、利益分配方案等公之于众，让大家监督，使你自身从直接责任中摆脱出来，这样可以避免他与你没完没了地纠缠。

4.在可能的情况下，尽量做到仁至义尽，令其感激你。必要时，带动他帮助其他朋友，以体会助人的快乐。

同这类人说话要简洁、公开并力求说公平的话，这样他才无话可说。

二、争胜逞强型

这种人狂傲自负，自我炫耀、自我表现的欲望很强，喜欢证明自己比你有才能，比你正确，轻视你，甚至也可能嘲讽你，想把你挤下去。对于这类型的人其交往原则是：

1.不必动怒。自以为是的人到处皆有，这很正常。对其不必压制，越压他越不服，矛盾会越来越严重，他甚至会背后“捅你一刀”。

2.不必自卑。你就是有再高的才能，也不会在各个方面超过所有的人，谁都既有长处，又有短处。确属自己的不足之处，要坦率承认，并予以改正，这样他便没有理由再嘲讽你。

3.仔细分析下属这样表现的真实用意。一般下属只有在怀才不遇时才会表露出对上司的不满。如确实如此，就要为之创造条件，展现才能，当许多重担压在肩头时，他便会收敛自己的傲慢态度。对不谙世故者，可予以适当地点拨。语重心长，有理有据的谈话可改变对方的认识。

对这类人说话要充分肯定他，要实事求是，不遮掩。

三、性情暴躁型

心理学家将人的气质分为四种类型：多血质、黏液质、抑郁质、胆汁质。性情暴躁，好冲动，点火即着，不考虑后果，行动如急风暴雨的人即是胆汁型的人。这种气质类型的人如果缺乏文化修养，或存在反社会行为，其蛮横无理、蔑视权威、有恃无恐等习性就将对你构成较大的威胁。对这种人的交往原则是：

1.这种人一般都比较讲义气，重感情。如果你平素能真心将他视为朋友，多方关照，他会感激并尽力报答你。

2.这种人头脑简单，你可在平日的谈天说地中，引经据典，纵古论今，分析事理，吸引他向你的思维习惯靠拢。这样，在他冲动时，你才会有劝说的权威。

3.不要忘了随时赞扬他。这种人是自大狂，喜欢被人吹捧、奉承，不许别人讥讽、否定他。“顺水推舟”的赞扬才可产生“诱敌深入”的效果。同这类人说话要以情打动他，在动之以情的前提下再晓之以理，这样他才能听得进你的意见。

四、自我防卫型

这种人自尊心强，敏感多疑，特别注重他人对他的评价，唯恐上司对自己有不好的看法。一个不满意的眼色也会令其心事重重，郁郁不乐。对人存有戒心，缺乏自我安全感，心理防卫机制较强。对这种类型的人的交往原则是：

1.尊重他的自尊心，讲话要谨慎，不可流露出轻视之意，多欣赏他的才干，以此博其好感和信任。不要随便否定他的努力及成绩，以防他对你产生敌意。切忌当他的面指责、挑剔别人，也许他会因此怀疑你也在背后议论、嘲讽他，从而敬而远之。

2.有困难时，多帮助他，多做事，少提建议。建议过多，会让他产生一种压迫感，觉得自己什么都不行。你只要做给他看，就达到了指导的目的，并会令其感谢你。

3.要尽量少同这类人开玩笑，一句简单的玩笑话，他可能会想到很多事情。

同这类人说话要多肯定，少否定；多鼓励，少批评。

言语交际中的“兜圈子”技巧

在日常交际中，一般说，直言快语，是人的真诚所在，是受欢迎的。但有时候，效果并不佳，轻者损害人际关系的和谐，重者造成麻烦，违背言语交际的初衷。而有时有意绕开中心语题和基本意图，采用和外围战术，从相关的事物、道理谈起，即“兜圈子”，却常能收到较理想的交际效果。请看下列三例。

例 1。一位年轻媳妇，见小姑穿上件新的羊毛衫，猜想是婆婆买的，故意高声对小姑说：“嗬，从哪里买来的羊毛衫，真漂亮！”婆婆在一旁答话：“从对门商场买的，刚到的货。我先买一件，让你们穿上试试，要看中了，下午再买一件。你们俩一人一件。”

例2。一天，某青年教师早早回家做了一锅红枣饭。妻子下班回来，端起碗，高兴地问："这枣真甜啊，哪来的？"丈夫说乡下姨妈捎来的。妻子不无感慨地说："姨妈想得可真周到啊，年年捎枣来！"丈夫说："那还用说，我从小失去父母，就是姨妈把我抚养大的嘛！"妻子说："她老家这一生也真够辛苦的。"稍停，丈夫忽然叹了口气，说："听捎枣的人说，姨妈的老胃病又犯了，我想——""那就接来呗，到医院好好治治。"不等丈夫把话说完，妻子说出了丈夫想说还未说出的话。

例3。晚饭后，几位青年人去拜访某教授。谈到夜深，教授接这青年人的话题说："你提的这个问题很值得研究，明天我去A城参加一个学术会，准备就这个问题找几位专家一块聊聊。"几位青年立刻起身告辞："很抱歉，不知道您明天还要出差，耽误您休息了。"

例1中的年轻媳妇见小姑穿上了新的羊毛衫，猜想是婆婆买的，也想要一件，但又不好意思说出口，于是转向小姑夸羊毛衫，"顾左右而言他"，达到目的。例2中的青年教师想接姨妈来城里治病，但不直说，而是通过吃枣饭、忆旧情，造成一种适宜的氛围，然后再说姨妈生病，而让妻子接过话题，说出接姨妈的话。这样言来语去，自然圆满，比直说高明多了。例3中的教授明天出差，要早点休息，但碍于情面，不好直言辞客，而接过对方话题一兜，即达到了辞客的目的。话语委婉得体而不失礼仪。由此看来，说话兜圈子，有时候确实是必不可少的。它能起到直言快语所不能起到的作用。

语言学家王力先生曾说过，兜圈子是一种说话的艺术。要正确运用这种艺术，首先要善于分辨言语交际的具体情况，做到当兜则兜，不当兜还是直说为好。言语交际中兜圈子主要有如下几种情况：

1.顾及情面，有些话不便直说

比如婆媳之间、恋人之间、两亲家之间等，均系刚刚建立起来的情感宝塔，基础欠牢固，交往中双方都比较谨慎、敏感，言语中稍有差错，都会带来不快或产生误解、造成矛盾。例1那位年轻媳妇，如在娘家面对亲生母亲，大可不必兜圈子；但在婆家，面对婆婆，就不好直说要东西了。而她的兜圈子，既达到了要羊毛衫的目的，又不失情面。

2.出于礼仪，有些话不便直说

中国是一个历史悠久的文明古国，素称“礼仪之邦”，具有文明礼貌的社交风尚。人们在言语交际中，十分注意话语的适切、得体。私人场合、知己朋友，说话可以直来直去，即是说错了，也无伤大雅。在公共场合，对一般关系的人，特别是晚辈对长辈，下级对上级，对待外宾，说话就要特别讲究方式、分寸。为了不失礼仪，说话就常需兜圈子。例3那位教授的话，就与特定的交际场合、对象、自身的身份相称，实现了和谐的沟通。试想，如果直言明天出发，改日再谈，虽可以达到辞客的目的，但却易置对方较为尴尬的处境，也有失教授慈祥和蔼和一面。

3.直接挑明，对方一时难以接受

某个意思，直接挑明，估计对方一时难以接受，一旦对方明确表示不同意，再要改变态度，就困难多了。在这种情况下，为了强调事理，征服对方，就可把基本观点、结论性的话先藏在一边，而从有关的事物、道理、情感兜起。待到事理通畅、明白，再稍加点拨，自能化难为易，达到说服对方的目的。例2那位教师就是针对这种情况而兜圈子的。如果他直言接姨妈来城里治病，妻子不一定同意。而通过吃枣饭、谈红枣、忆旧情，事理人情双关，形成了接姨妈的充分理由，水到渠成，所以不用自己讲，妻子说出了他的心里话。

4.由于对方的情绪、思想所致，难以与之进行交流

要说服对方，就要想方设法与之接触，开辟言语交流的信息渠道的作用。如人们所熟悉的《触龙说赵太后》，触龙的言语成功就在于他采用了兜圈子这种艺术手段。

准确运用了兜圈子这种说话艺术，除了要善于区别交际活动的具体情况，做到当兜则兜外，还要了解兜圈子的一些常用方法，灵活地组织话语。从兜圈子所利用的事物、事理与中心话题、交际目的关系分析，主要有如下几种。

一、因果法

即从促使对方接受观点、产生行为的诸种原因兜起。这种原因可以是事实，也可以是理论。例 2 那位教师兜圈子就是采用的这种方法。姨妈把某青年教师抚养成人，姨妈年年捎枣、姨妈生病是因；接姨妈是果。这是用事实兜。再如陈毅任上海市市长时，干部实行供给制，为了不给国家增添负担，想劝岳父回老家。顾虑直接提出，老人产生误解，陈毅同志就绕了个弯，先问老人家共产党还是国民党好。当老人家说出国民党任人唯亲，一人得道、鸡犬升天时，陈毅同志说："说得好，所以国民党要倒台……那您喜欢不喜欢您的女婿也这样？"老人立刻明白了其中的道理，决定回老家去。这是用道理兜，先以事明理，再以理论事。

二、推论法

即从与交际目的相关的事物兜起，让对方由此及彼，或由表及里推出新的意思。例 1 那位年轻媳妇的话就是采用了这种方法。儿媳妇称赞小姑的羊毛衫，在婆婆心里必然产生这样的思考：儿媳夸小姑的羊毛衫，当然是自己也想要一件；儿媳也是自己家里人了，应同女儿一样看待，既给女儿买了，也该给儿媳买，这是事理常情。所以那位聪明的媳妇，没说要羊毛衫而得到了羊毛衫。

三、比照法

即寻找与交际话题具有类比意义的事物兜圈子，两相比照，语义明晰，或者兜而不发，令对方自悟，或者稍加点化。

传说郑板桥早年家贫，一年除夕赊了一只猪头，刚下锅，又被屠户要了去转手卖了高价。为此他一直记恨在心。直到后来到山东范县做官，还特别规定杀猪的不准卖猪头，自己吃也要交税，以示对屠户的惩罚。夫人闻之，感到不妥。一天，她捉到只老鼠吊在房里。夜里老鼠不住地挣扎，郑板桥一宿没睡好觉。他埋怨夫人，夫人说她小时候好不容易做了件新衣裳，被老鼠啃坏了。郑板桥听后笑了："兴化的老鼠啃坏了你的衣裳，又不是山东的，你恨它是何道理？"夫人说："你不是也恨范县的杀猪的吗？"郑板桥恍然大悟，随吟诗一首：贤内忠言实难求，板桥做事理不周。屠夫势利虽可恶，为官不应记私仇。郑板桥夫人是通过两种事的比照兜圈子，而后画龙点睛，说服郑板桥的。

四、双关法

即寻找与中心话题相关的具有双重内涵的事物兜圈子，言在此而意在彼，获得一种含蓄委婉的言语效果。比如，一位农村小伙和姑娘暗暗相爱，都羞于直接表白。一天，两人在田间相遇，姑娘灵机一动，指着在花间飞动的蝴蝶问小伙："你说为什么只见蝴蝶恋花，不见花追蝴蝶呢？"小伙一时发蒙，"花怎么能追蝴蝶呢？"转瞬明白了对方的意思，坦率地表达对姑娘的爱慕之情。这位姑娘的无疑而问，自然令对方思考到其双关意义，话语婉曲、巧妙，既实现了完美的表情达意，又不丢脸面，不留人口实。

五、情感投资法

即某一交际话题一时难于为对方接受时，根据对方的思想、兴趣、职业等特点，先从本题之外的副话题兜起，待到言路畅通，再自然引入本题。《触龙说赵太后》中，触龙的话就是运用了这种兜圈法。

附带说明，兜圈子有时能产生一种含蓄委婉的语言效果，但含蓄委婉的话却并非全是兜圈子。兜圈子也不是猜谜语、说隐语，它是曲径通幽，最终要让对方理解自己的意思，如果兜来兜去，把对方引入迷魂阵，就不好了。再者，兜圈子这种说话艺术一定要慎用，当兜则兜，不然，兜之不当，会给人啰唆、虚伪之嫌，与交际目的相背。

怎样使自己说的话更有分量

人微言轻，是一句流传经年的老话了。其中既有自轻自贱的托词意味，也有拙口笨舌的无奈慨叹。细细推敲便不难发现，世间的小人物，也并非都是出口无分量的。要想使自己的言语有分量，能够打动尊者贵者，自然牵涉说话的态度、方式、时机和技巧。不少“小人物”都以自己卓尔不群的口才，说出过动听耐听的锦言妙语，剖析一下他们“言重”的取胜方式，于我辈“人微”者或许不无启迪意义吧！

一、口出惊世骇俗言

不少小人物，总爱视“大言”为狂言的同义语，因此在尊者面前显得唯唯诺诺，毫无生气可言。其实，唯其人微，才不能唯尊者马首是瞻，才更需要独特的惊世骇俗之言，才能引人注目，令人洗耳恭听，最终使自己伴随妙语脱颖而出。

唐代宰相李绅位尊名盛，他出使淮南时，一律不接见下人。小小书生张祜偏要结识一下这个大人物，他先写了名帖，署名“钓鳌客”。李绅一见这名帖顿生怒气，于是破例召见了他。为了给对方一顿羞辱，李绅故意问：“秀才既懂得钓鳌，那么用什么东西做钓竿呢？”张祜脱口便道：“用长虹！”李绅再问：“用什么做钓钩？”张祜大气张扬：“用新月！”李绅再问：“用什么做钓饵呢？”张祜大笑：“用我做钓饵，当然也就不难钓到大鳌啦！”听到这些话，他高兴地款待了这个口出狂言的书生，对饮聊天，不亦乐乎。

显然，张祐能折服李绅这个大人物，用的正是大言惊骇之法，以磅礴气势给了对方强烈刺激，其才华才最终得到大人物的认可。

二、傲语述志非凡响

大凡表述心迹，总少不了豪言壮语。如果只是一般地转述现成的豪语，小人之言更令人小觑。真正振聋发聩之语，大约总是一种心底激情之宣泄，一种颇有个性色彩的挥洒。

抗日英雄鲁雨亭，年轻时同几个长辈一道赴宴。席间一长者问及他将来的打算，鲁雨亭率直地说："各位长辈，不瞒你们说，晚辈立志与别人不同。别人都愿当大官、享清福，而我此生不愿做大官，只愿做大事！"一语既出，令长辈们震惊不已，倒吸冷气，从此更加看重他关心他了。

若按中国人的习俗，晚辈之言总该谦让些吧，可鲁雨亭偏偏豪情傲语，以"大官"与"大事"对比，表明自己的志向，让长辈们对这小字辈刮目相看。一个人微者，要赢得尊者的重视，没有如此傲然之言，又怎能谈得上脱颖而出呢？

三、峻言交锋卫自尊

即使尊卑上下之间，也难免有意见相左甚至唇舌交锋的时候。作为人微者，如何才能使自己的话语掷地有声震慑对方？很多时候，低声下气委婉曲折是无用的，相反，利用一些严词峻语却常能令尊者怦然心动，心悦诚服，特别是在需要护卫自己人格尊严的时候，此法更为有效。

曹操的一个故交宗世朴看不起曹的品性。后来曹操官至司空，总揽朝政，一次他故意对自己手下的小人物宗世朴挑衅道："你现在总可以答应与我相交了吧？"宗却不为所动，出语傲然："松柏之志犹存。既然得罪了你不受重用，就更没想过高攀与升迁了！"这毫无媚气的铮铮之语，既令曹操惊讶，更令他折服。事后，曹操竟叫儿子向宗登门求教，其子恭敬地静伏于宗的床下，令人慨叹不已。

宗世朴在对手前是人微者,他却以毫无委曲求全的凌厉之言,最终赢得了对手的折服,护卫了自身人格的尊严。由此可见那“落笔惊风雨,诗成泣鬼神”般的峻语严词在特定场合下的分量与震慑力了。

四、套语指径点要害

人微者谋求言重,当然不只有“大江东去”的言语风格一途。有时候,“小桥流水”般的谑语戏言也能征服对方。

我国援建B国一大型运动场遇到了停电的困扰,难以按期完工。工程队负责外事的黎晓女士便找到该国电力委员会经理高迪卡,谁知对方百般推诿。碰钉子后,黎晓决定智取,她先设宴款待高迪卡,不断以外交辞令夸赞他“颇有才干”,感谢他对双方的“支持与合作卓有成效”。正当对方喜不自禁时,她话锋一转,以调侃的语调说:“高迪卡先生,您是这个项目的总负责人。我们如果不能按期完工,虽然经济上受损失,可是对你的影响恐怕更大了。贵国运动会不能如期召开,那么,你头上的乌纱帽没准也会被拿掉呢!”此言在软硬夹攻中点明了要害,立即引起对方的重视。高迪卡只得笑道:“不会误期的,不会。”工地上很快就恢复了供电。

黎晓以区区小人物打动对方的,正是那先赞美后将军的套路,从而显示出话语的分量来,对方能不予以重视么?

五、蘑菇游说自从容

饶舌,是平常谈话之大忌;然而,位卑者既要使自己的言谈打动贵者尊者,免不了要绕点弯子,打持久战,以激起对方的恻隐之心。

巴普自办了一个剧场,却总无戏剧评论家前来光顾,他深知没人宣传就没有观众,于是大胆闯入《纽约时报》搬尊神了。巴普点名要见著名评论家艾金森,凑巧艾在伦敦访问,巴普干脆待在报社不走:"我就等到艾金森先生回来!"艾的助手吉尔布无奈,只好询问其原因。巴普便大施游说之术,说他的演员如何优秀,观众如何热烈,最后摊牌:"我的观众大多是从未看过真正舞台剧的移民,如果贵报不写剧评介绍,那我就没经费继续演下去了!"吉尔布见其态度坚决,不由得感动了,答应当晚就去看戏。谁知,露天剧场的演出到中场休息时,便遇上了滂沱大雨。巴普一见吉尔布躲雨欲走,立即又粘上他说:"我知道,你们剧评家通常是不会评论半场戏的。不过,我恳求你了,无论如何破一回例!"巴普一次次地游说,真诚也有,"无赖"也有,斯人斯言到底感动了上苍,几天后一篇半拉子戏的简评见报,巴普剧场也日渐红火起来。

一个名不见经传的小小剧场主,其言何以搬动了《纽约时报》这大尊神?那不正是步步紧逼、巧舌游说的结果吗?人微者言语的力量,正是在那步步紧逼软缠硬磨中展示出来的。当然,蘑菇游说须有分寸,只宜抽丝剥茧般地渐次逼近主题,否则也是徒劳无功的。

六、巧言诡辩寓机锋

理直辞正之法,固然有光辉,然而,特定环境下利用矛盾的巧言诡辩,有时却更有醍醐灌顶的力量。对于人微者来说,更能显示出巧藏机锋之妙处。

春秋时,一个叫直躬的人,告发父亲私下扣留了别人一只羊,按当时法律,其父该判死刑。当判决下来后,直躬方才省悟,忙跑到官府去哭诉,说:"我作为臣民,不得已而检举父亲,是因为臣民必须维护法律,以向国君尽忠。可是作为人子,我不忍家父被诛,因此请求代父受戮,以尽人子之孝。"官吏见他说得在理,于是特许他替父从死刑。然而,到了刑场上,直躬又长叹大叫:"我真是太不幸了。我举奸不避亲,可说是至忠了;我甘愿代父受戮,可说是至孝了。可是,连我这样至忠至孝的人都被诛杀,那么,楚国人又有谁不该被杀掉呢?"刑场上的官吏一听,觉得在理,于是上报楚王。

楚王听后亦大为感动，不仅免去直躬一死，还对其奖掖有加，从此直躬便声名大震了。

直躬抓住事物矛盾的两面，左右开弓，其言之重，竟至撕开了法律的一个窟窿，可见巧言悖论中所蕴藏的力量之所在了。说到底，所谓机锋，不正是临场应变、妙语言重所激发的奇光异彩么？

七、借机进言巧说服

人微者之言的说服力量，还跟把握说话的时机有关。火候到，说出的话自然贴切，引人重视。别以为只有趁对方愉悦时出言才有分量，不，抓住对方隐忍难发之机，坦诚直言，则是人微言重的别一番风光。

中国第一位现代舞拓荒者裕容龄，年轻时随外交官父母迁居巴黎。囿于旧礼俗，她一直不敢进言学舞的愿望。一次日本公使夫人来做客，顺便问其母："你家小姐怎不学跳舞呢？我们日本女孩都要学的。"裕母不便拒绝，顺水推舟道："往后让学吧！"裕容龄趁机进言了："好母亲，我今后就学日本舞跳给你看，好吗？"说罢便更上舞装跳起《鹤龟舞》，公使夫人夸赞不已，母亲亦只好认可。

这里，裕容龄的进言成功，全在于那抓住时机的"将军"上。

忠告三要素

忠告，对于帮助他人的和建立真诚的人际关系，起着难以替代的重要作用。反过来讲，不能给予他人忠告的人不是真诚的人，这种人不会将自己的真实感受忠告于对方。也就是说，不爱别人的人不会给予他人忠告的，不被爱的人也同样得不到忠告。因此，我们应该欢迎忠告，更应该给人以忠告。

尽管如此，为什么一般人都讨厌忠告，忠告为何听起来总不顺耳呢？

究其原因，就在于一般人容易受感情支配，即使内心有理性的认识，但仍易受反感情绪的影响而难以听进忠言有理性的认识，但仍易受反感情绪的影响而难以听进忠言。

例如，一位在外游荡尔后感到后悔、暗暗下决心回家学习的中学生一走进家门，当母亲的就急不可耐地忠告儿子：

“你又到哪里野去了？还不快去复习数学，看你将来还考得上大学?”

“哼，上大学，上大学，我就不信不上大学就混不出人样!”

受逆反心理驱使，一气之下，儿子又跨出了家门，母亲的一番苦心白费了。

看来，仅有为别人着想的良好愿望还不行，忠告也需要技巧，否则就会收到反效果。

如果我们注意忠告的三个要素，你的忠告就会被人接受，忠言也就顺耳起来了。

一、谨慎行事

说到底，忠告是为了对方，为对方好是根本出发点。因此，要让对方明白你的一番好意，就必须谨慎行事，不可疏忽大意，随便草率。此外，讲话时态度一定要谦和诚恳，用语不能激烈，也不必过于委婉，否则对方就会产生你教训他，你假惺惺的反感情绪。

二、选择时机

选择适当的场合和时机，是忠告的第二个要素。

例如，当部下尽了最大努力而事情最终没有办好时，此时最好不要向他们提出忠告。如果你这时不适时宜地说“如果不那样就不至这么糟了”之类的话，即使你指出了问题的要害且很在理，而部下心里却会顿生“你没看见我已拼出死命了吗”的反感，效果当然就不会好了。相反，如果此时你能说几句“辛苦你了”“你已做了最大的努力”“这事的确比较难办”的安慰话，然后再与部下一起分析失败的原因，最终部下是会欣然接受你的忠告的。

除此之外，在什么场合提出忠告也很重要。原则上讲，提出忠告时，最好以一对一，避开耳目，千万不要当着他人的面向对方提出忠告。因为这样做，对方就会受自尊心驱使而产生抵触情绪。

三、不要比较

忠告的第三个要素，就是不要以事与事、人与人比较的方式提出忠告。因为此时的比较，往往是拿别人的长比对方的短，这样很容易伤害对方的自尊心。

例如，“我说儿子呀，你看隔壁家的王福多有礼貌，多乖啊！你和干福同年生，可你还比他大两个月哩，你要好好向他学习，做个好孩子哟！”

一位母亲这么忠告自己的儿子。

“哼，嘴里整天是王福这也好那也好，干脆让他做你的亲生儿子算了！”

儿子的自尊心受到伤害，母亲的忠告效果是适得其反的。

再如，“我说，你看张太太哪天不是整整齐齐的，而你总是不修边幅，你就不能学学人家的好样吗？”

丈夫对不整洁的妻子提出了忠告。

“学学人家？你的收入有人家丈夫赚得多吗？你有了钱，难道我还不会打扮？”

虽然妻子明明知道自己的弱点，但出于自尊心，她没好气地回敬着丈夫，丈夫的忠告失败了。

第五章

领导口才

领和导在古汉语里都有统一思想和行动的意思，即通过一种方式把众多的思想统一在一点上，共同去完成某一项事情。要想理顺复杂多样的想法，必须树立某一个观念的权威性和中心性。这就要通过精湛的语言表述来实现。良好的口才是领导者团结群众、完成领导事业的一大法宝。

领导口才的基本要求

工欲善其事，必先利其器。好的口才是领导者实施自己管理目的的有力武器，口才曾一度成为美国人生存和竞争的战略武器之一。随着社会交往的频繁和密切，口才对于一个优秀的领导者来说更是至关重要的一个利器。虽然各行各业的领导者从事的具体工作不同，但是，只要在一群人中扮演了或者准备扮演一个领导的角色，无论在日常的上下级交往，还是公众的演讲和会议发言，只要是以一个集体的代言人身份发出的声音，它们都具有相同或者相近的目的。为了达到这个目的，要求领导者在实施领导的具体行为过程中注意一些基本要求。

一、要言语得体，树立个人威信

领导的工作语言，虽然内容枯燥，原则性强，但是一个拥有高超言语表达技巧的人，无论在什么场合都能够侃侃而谈，循循善诱，给人强烈的感染。俗语常说：话是开心的钥匙。能言善辩的人，可以靠语言的四两之劲拨动群体智慧的千钧之力，打开所有被领导者的心扉，让大家愿意跟你干。这都需要在言语表达上加强锻炼。

言语得体，首先，表现在讲话要声音洪亮，抑扬顿挫，富有节奏。领导在某场合中总是核心和主角，讲话时一定要有气度、自信、舒展，讲话时干脆果断，不拖泥带水，底气十足。如果能在讲话时合理运用轻重强弱的口气，快慢相间的节奏，就更容易调动和引导场上的听众情绪，牵动大家的思维跟随自己一起跳跃，久而久之，这个领导就会在大家心中确定其威信。其次，言语得体还包括说话时要充满热情但不情绪失态。说话热情可以给人尊重、信赖、亲切等感觉，但是，不管多么兴奋，领导者都要学会控制自己的语言，不要表现出过度紧张或者激动，尤其不能出现高度的尖叫或者大声的压制，要表现出自然的生机勃勃的兴趣和情绪，这样的领导者在大家心目中总是一个风度翩翩的人。

二、要声情并茂，深入人心

振臂一呼，应者云集，是每一个领导者都希望看到的场面。关键是这振臂的一呼该如何有效地呼，这就要求领导者在表达自己观点和号召群众集体完成某项事件时，善于控制自己的讲话情况。要把所讲的内容和希望群众持有的情绪一起传输给大家，对高尚的实例尽情称赞和欣赏，对可耻的行为恰如其分地责备，对集体的奋斗目标和可能实现的未来报以强烈的向往和荣誉感，让自己的情绪有效地感染听众，这样声情并茂的讲话，才能得到大家的积极拥护和赞同，才能产生强烈的号召力和感染力，领导者所阐述的观念和计划才会深入听众心中，才能得到大家的共鸣，从而在实际行动中化作积极工作的动力，配合领导者的意图去多做有益的事情。

同时，领导者讲话贵在讲自己的话，言从心出。言为心声，最容易打动人心的莫过于真情真性。领导者讲话最忌讳让秘书写千篇一律的套话、大话，尤其是在重要的问题上，如果领导者能够通过深入思考，有自己的见解，而且能够用自己独特的个性语言表达出来，情真意切，声情并茂，那就更容易使群众信服和尊敬，从而赢得人心和坚定的支持。

三、要有的放矢，目的明确

任何人的说话都有目的趋向，很多领导人的讲话甚至都经过非常严密的字斟句酌的考虑。讲话者只有目的明确了，才能围绕这个具体的意图有机地选择和组织材料，保证讲话的条理性和集中性。如果讲话之前对目的意图把握不准，就会在讲话的时候信口开河，有时候还会杂乱无章，让人越听越糊涂，使人厌烦。而且，领导讲话所表达的观点，常常需要引用很多相关的材料和事例，哪些事例能够证明什么问题，哪些材料可以有力地表达某种思想，都是要靠讲话目的这个指挥棒来调度的。所以，讲话内容一定要做到目的明确，心中有数，才可以选取那些准确、翔实、有吸引力的材料来反映讲话内容。

四、要严肃活泼，随机应变

领导讲话和普通群众说话有着不同的任务，在什么时候讲，讲什么，怎么讲，都要注意和领导者所拥有的身份、地位相匹配。领导者会在非常多的场合中讲话：有上下级之间工作的汇报和交流；有各种庆典或联欢、礼仪、外交活动；有公开的集体演说；还有各种会议座谈、发言，等等，所以，在什么场合讲什么话、怎么讲话都是一件要经过严肃思考的事情，要特别注意区分场合、情景和对象。黑格尔说：“既然要产生一种活的实践效果，演说家首先要充分考虑到演讲的场合以及听众的理解力，否则他的语言就会因为时间、地点和听众都不适合而达不到他所向往的实践效果。”

但是，不同场合的讲话不能只讲究严肃而使活泼不足。在各种场合中都有可能发生意外的情况，领导者可能随时会听到意外的问题，碰到尴尬的谈话内容，这时，领导者要具有灵活机动、随机应变的口才，才能变被动为主动，化腐朽为神奇，在风波中显示自己的卓越本色。

领导口才的基本特点和类型

一、领导口才的基本特点

1.态度明确，讲话真实

领导干部说话要旗帜鲜明、爱憎分明、光明磊落。是就是是，非就是非；行就是行，不行就是不行。不讲与实际不沾边的“官样话”，不讲蒙混群众拖拉时间的敷衍话。明确的态度也不排斥说原则性的话和使用模糊语言。如高层领导在宏观控制上明确表态即可，在微观上鲜明具体地表态反而是不妥当的。领导的语言还必须是真实的，但有时限于不得已的环境，领导得讲“假话”。不过，这种“假话”应是具有积极作用的。例如，某指战员在己方被围、情况十分危急的情况下，为鼓舞士气便对一士兵讲：“我们的援军就要到了，只要一鼓作气，杀出重围，胜利就一定属于我们。”结果，战士们士气大振，果然成功突围。事实上根本没有援军，但这种话无疑是具有积极意义的，而且也是在不得已的情况下说的。因此，我们不能死板教条，机械地说这不符合领导语言的真实性原则。不过，对任何领导者来说，“假话”不能成讲话主流，讲“假话”的动机是为了整体，讲“假话”只限于不得已的情况。

2.情感真诚，以理服人

领导者要向群众坦诚地表达自己的信仰、主张、情结、性格及心灵深处的东西，自觉接受群众的监督、帮助和选择。但这并不是说领导者认识到什么就要讲什么，想到什么就得说什么。领导者权力在握，有时一言九鼎，这就决定了他不能不较多地考虑自己说话的分量和可能引起的后果，也就是说在讲真话的前提下，在什么场合，针对什么对象，该说什么话，说到什么程度，并不能随心所欲。特别是在某些想法尚未成熟或趋于成熟时，尤其要注意这一点。成熟多少就讲多少，有把握到什么程度就讲到什么程度。一位合格的领导者既应善于把自己的想法充分表达出来，同时又要区分对象和场合，需要时保持适度的沉默。根据讲话的目的，选择合适的语言真诚地向群众表达，才能让大家心悦诚服。

3.用语严肃，杜绝随意

因为领导干部是党政机关、企事业等单位的负责人，是大政方针、计划指示的决策音和主要执行者，他们的言论往往指导着所领导地区、部门、单位的全局工作，关系国计民生，牵动着千家万户。

高层领导的言论还会引起国际反响，影响国家和人民的利益。所以各级领导都要“慎言敏行”，所说的话要符合政策法律，符合国家和人民的利益，实事求是，有利于团结。说话要负责，表态要按理，许诺要兑现。“一言既出，驷马难追”，绝不能“戏言”或“食言”。在工作场合讲话，更要注意庄重、冷静，切忌轻浮和狂躁。不过，严肃不等于呆板，不等于摆架子、耍官腔、拉下面孔训人。严肃性并不排斥幽默感、亲切感，要“敏于事而慎于言”，不能一时冲动，随意发表看法和想法，否则“领导动动嘴，下属就会跑断腿”了。

4.富有哲理，灵活幽默

领导讲话往往要解释一些现象，阐述一定的道理，所以不能流于肤浅。缺乏思想性和哲理性的语言一定苍白无力，人听了也是味如嚼蜡，提不起精神。善于使用富有哲理性的语言能使你讲的道理简洁、生动、明了、易懂，使人乐于接受。

常见的理性语言有这样几种：①警策型：如“有人可能一百岁时走向坟墓，但他生下来就已经死了”。②若愚型：如“站在山的旁边看不到山”“一木不成林，一花不是春”。③忠告型：如“当一个人不知道要驶向哪个码头时，那么任何风都不会是顺风”。④总结型：如“长久迟疑不决的人，常常找不到最好的答案”。领导不但要讲大实话，还要讲得让人爱听，富有哲理，幽默横生。幽默的语言可以调节紧张气氛，避免出现不愉快的尴尬场面；闪避难题，巧妙周旋：显示才智，博得大众好感。

二、领导口才的分类

1.日常交往和沟通的口才

领导的日常工作，主要是组织、协调、指挥、激励下属共同完成任务。日常的谈话、布置工作任务、接受汇报、决策、疏通人际关系、做好分析总结等，这些都是日常工作中天天使用的语言场合，所以可以统称为日常交往的口才。

在日常交往中，领导的语言有工作语言和生活语言的模糊区分。

工作语言主要集中在这几个场合：一是组织会议。开会是领导者重要的工作方式之一。要正确使用会议场合，让它在有限的时间内发挥最大的效率，那些重复、冗长的会议是低效甚至是无效的劳动。要利用开场白和总结，让会议发挥谈论问题、激发智慧、促进工作的积极作用。二是总结报告。通常在专门会议上领导者都要对某些问题做讲话。三是参加一些会议的即席发言。

生活语言，主要表现在领导与上下级之间的工作方法探讨、布置工作任务、谈心和教育、批评和鼓励下属、监督指导工作时随意的讲话。

2.激励和赞赏的口才

激励，就是领导不吝对其下属的某种思想行为的肯定，使下属得到激发和鼓励，从而使下属发挥最大的积极性、主动性和创造性，做出优异成绩。激励的原则，是满足人们物质和精神方面的种种需求，从而使下属的个人目标同单位的集体目标有机地、密切地结合起来，以取得最大的效益。

赞赏，就是领导对下属的工作成绩或者突出地方给予的肯定和赞美。人们说，赞赏是最好的酬劳，谁都愿意在一个被人称赞的工作环境中工作。赞赏不但可以消除芥蒂，平息怨愤，还可以激发下属的自豪感和潜力。赞赏可以在任何场合中找到用武之地，如一种改变、一个奇想、一个成绩、一种习惯……但无论什么时候赞赏，都要基于可赞扬的事实。空对空的赞赏，只能给人带来厌恶和虚假的感觉，不但不会激励下属，反而会让下属对你产生不信任感。所以，激励和赞赏都要坚持实事求是的原则，赞赏是比利诱和批评压制更有效的领导艺术。

3.批评和说服的口才

批评和说服，都是对人们在工作中发生的偏差和失误作有效的评论和纠正。批评和表扬一样，也是激励的一种方法，其目的是为了限制、制止或纠正某些不正确的言行。领导者要想顺利地凝聚群体完成任务，不但要懂得赞赏，还要学会有技巧地批评。巧妙的批评能够启发被批评者自我反省，改正错误，激发被批评者的潜在能力，从而达到批评的最佳效果。批评教育要讲究技巧，说得重了，伤害下属的自尊心和自信心；说得轻了，又不痛不痒，起不到批评的效果。所以，批评要注意把握分寸，对症下药，才能有效说服下属，真正做到改正错误，促进工作。

说服别人也是领导口才中见智慧的一环。领导者都想轻松地说服别人赞同和支持自己的看法、做法，但是好的说服口才并不是狡辩和饶舌，也不是滔滔不绝和强硬要求。要想说服人，首先要掌握听众的心理，所谓知己知彼，百战不殆。要能够迅速找准听众的心理认同点和主要分歧，说到别人心里去。同时还要运用周密的论证、坚实的例证和生动入耳的表述，引导人们改变不愿被别人说服的天性，愉快地接受你的观念。

4.公开演讲的口才

当代的领导者如果不懂得演讲、不善于演讲，肯定不能成为一个合格的领导。大到国家的形势政策宣讲，小到一个班集体选学生干部的竞选，在这些大大小小的演讲中，才能全面展示一位领导者的综合素质和能力。“演讲决定竞选的成败”在西方社会中可以说历史悠久，深入人心。中国也有演讲的传统，只不过我们用类似的“讲话”“指示”“报告”“发言”等代替了。

演讲因为经常面对较多的听众，公开表态，亮出观点，所以就离不开之前的精心准备，要准备演讲稿。在具体的演讲中要做到了解对象，清楚他们所关心的话题和信息，特别是他们迫切需要解决的问题，才能确定讲什么，怎么讲。演讲还因为其面向群众，就必须避繁就简，通俗易懂，具有强烈的感染力。所以，演讲的口才也就必须围绕着这样的目的开始训练：做好演讲前的准备，设计好观点鲜明、条理清楚的演讲稿，声情并茂、富有感染力的传达，最后

达到鼓动和凝聚人心的目的。

5.**外交和应酬的口才**

外交和应酬口才，指领导者在各种对外交流的场合所使用的语言。各类领导都会碰到类似谈判、答记者问、出席合作方的接待宴会等等，这是展示领导个人魅力的又一平台。由于高层领导在外交场合的应答内容常常涉及重大的政治、军事或经济等方面的权益，因而，应答过程中的每一得失，都有可能表现在经济或政治等方面给国家带来收益或造成损失，并会产生相应的国际影响。这就要求有涉外活动时，领导者必须十分谨慎地去斟酌自己的只言片语，除使自己的言语符合自己集体的意图外，还得设法击败对手，达到预期的目的。任何无所顾忌的信口开河，都可能导致外交斗争的失败而给集体带来不应有的损失。

外交活动中，领导者可能会碰到难以解答的提问、出乎意料的申述、不怀好意的讥讽、咄咄逼人的论辩或气势汹汹的责难等，使人防不胜防，答不胜答。但不论这些问题多复杂，从应答者的角度来看，不外乎三种类型：一是可以或必须正面坦率回答的；二是需要暗示或隐晦回答的；三是不置可否或需要委婉回避的。选用哪种作答类型不能一概而论，而要根据具体情况以及领导者的意图而定。

领导口才的训练方法

一、日常交往和沟通中的口才技巧训练

1.**布置任务明确具体，提出要求态度适当**

每个人都有自尊心，作为领导经常要向下属交代工作任务，检查和督促其完成情况，这是工作时间经常使用的语言环境。这类交往中，要注意自己的要求必须具体，指令必须明确无误。要让他

人明白你要求的工作内容、完成的时间、工作计划等。在说话的时候，也要注意语气和蔼平等，提出的要求合理适当，不能因为自己的领导身份，对下属发号施令时严厉武断、冰冷僵硬，也不能常对下属提出过分的要求，否则会让下属心里反感的同时失去对你的尊敬和信赖。

例如，一位公司的老总准备周五开会，说说公司最近的销售问题。他对秘书说："你通知大家周五开个会，讨论一下销售问题。"秘书小李非常为难，因为周五什么时候开会？在哪里开会？都有谁参加？几点开始？要准备什么资料？谁做发言？……这些具体的工作都没有交代清楚，怎么去安排啊！作为领导者，为了让下属的工作效率高，自己在布置任务时尽量明确具体、可操作可检查。同时，你的态度也影响着工作效率。布置工作时要尽量平易近人，用类似于"你把某某工作赶快做好，不然就要扣奖金""你必须在什么时候之前把工作做完，否则就……"这样的语气会让员工感到极不受尊重。

2.同事间闲谈要避重就轻，保持一定距离

有距离才有美。领导和下属的关系有时非常微妙，要尊重下属，谦逊谨慎，保持民主和平易近人的姿态，但是不能为了和下属建立良好的关系而成为他们的好哥们儿。适度的距离，亦远亦近，即使在私下的场合闲谈聊天时也不能把你的秘密和很多想法真实地公之于众，隐私对一个领导者来说有时非常重要和关键。如果你的下属觉得了解你太多，和你关系太近就会对你的命令视如儿戏，其他的人也会效仿，那你的权威就会大大削减了。

3.对下属的不满和对立情绪，要对症下药、虚怀若谷

任何一个领导都可能面临部分下属的反对和不满情绪，成熟的领导者应该敏感地觉察到这些否定的因素，积极主动查明原因，对症下药。而且对一些强烈的不满还要个别谈话，坦诚相向，认真听取他人的意见。对自己工作失误引起的不满，要敢于自我批评，客观反省，虚怀若谷地接受大家的监督和批评，这样才能够真正消除隐患，凝聚人心。

徐达是某工商所的所长，有一个下属叫雷鸣。火气很大，但发火之后不会往心里去。一次，徐达让雷鸣去收某街道的管理费，雷鸣为了收钱的事情和一个商户大吵一架，被举报到局里。局里要徐达找雷鸣做思想工作。徐达的话还没讲完，雷鸣就忍不住发火了："好好，我不干了，我不会工作，辞职行不行?""我就这个脾气，那群人是欠揍，下次要这样，我非摘了他们的牌子不可!"雷鸣怒火冲天地叫嚷道。徐达静静地听他发完火，什么话也没说走了。从此，徐达每当遇到雷鸣工作上发生争执时都三缄其口，遇见雷鸣也是笑而不答。这样的包容时间久了，雷鸣反而不那么容易发火了，反而积极配合徐达把工作做好，成为一个出色的工商管理人员。

宽容和沉默有时候能起到比语言更有力的效果。

二、激励和赞赏的口才技巧训练

1.以利诱导，发挥潜力

事业前途、奖励政策、荣誉等都是可以激励下属努力工作的指挥棒。无论是精神奖励还是物质奖励都会给员工带来实实在在的动力，毕竟为事业成功和荣誉奋斗是大多数人追求的人生价值。

2.给以竞争，激发好胜心

日本心理学家多湖辉说："对于太自信的人，可以通过与他人比较的方式，刺激他自己的存在理由。"对于有一定实力的人，领导者可以夸奖与他实力相当的人，激发他的好胜心。所谓强中自有强中手，每个人都可以找到自己的学习榜样，奋斗是无止境的。

3.肯定成绩，忽略过失，以情制胜

一个叫"螳螂"的青年工人，赌博、粗野，对人恐吓威胁，工作马虎，很多人对他的转变失去信心。厂党委书记刘吉主动找他谈了一次话，却使这位青年的生活出现了转机。请看他是如何谈的：

刘吉一见他就说："你好啊。"青年冷冷地回答："不敢说好，众

所周知我不好。”“为什么抽水烟?”“有劲,过瘾,没钞票。”刘吉又问:“你每月收入多少?”青年答:“进厂 10 年每月 386 角。”“为什么?”刘吉又问。“因为我是全厂有名的坏蛋。”“你一不偷,二不抢,三不搞腐化,为什么是坏蛋呀?”青年答:“有人说我是不可救药嘛!”刘吉坚定地说:“这种说法是错误的,你不是坏人。说你不可救药,不仅是否定了你,同时也否定了教育者自己。”听到这里,这位青年笑道:“哈哈,我与你见解略同。”刘吉有意紧接一句:“我听说你曾救过人。”青年:“那是过去,好汉不提当年勇。”刘吉接过话茬说:“有志气! 过去你曾经是一个好汉。可如今呢? 你骂人、打架、恐吓人、逞英雄,干的是傻事。我今天来这里是第三次拜访你,想和你交个朋友。我还要拜访你的父母、你的妻子、你的师长、你的朋友,共同探讨一下青年人如何生活。孔夫子说‘三十而立’,你今年整三十岁了,好花迟开也该开了。”

刘吉以平实朴实的语言,从肯定成绩入手,激发出其自信,然后渐趋深入,提出批评、指出方向的鼓励方法,自然使这位青年的心灵受到震动。在他心中产生了强烈的“自己人效应”,唤醒了他改正错误的决心。这位青年当场激动地站起来,向刘吉肩膀捅了一下说:“刘吉,你够朋友!”后来,这位青年果然发生了很大的转变。

4.基于事实的真诚赞赏,增加下属的成就感

真诚的赞美是人与人之间瞬间沟通的金钥匙,无论老少,无论尊卑,世间没有人不喜欢听赞美的话。有人说“这种渴求别人肯定和成功的愿望,乃领导的无价之宝”,关键就是看领导是否会运用这个无价之宝来创造出更多的价值来。赞美和肯定下属,一个是要实事求是,一个是要态度真诚。否则就会让别人感觉你在做作,在故作姿态,结果会适得其反。

5.和下属共享成功,在公众场合赞美员工,加深其荣誉感

记得在每一个成功时刻,走到下属中间,真诚地感谢和赞赏大家的努力，这样会提高大家的干劲，也会增强领导者的个人魅力。

6.用心倾听，集思广益，激发其责任感

不要在重要问题上拒绝大家的意见，一个好的领导者一定是一个善于倾听的人，他会让每一位员工都积极思考重大的问题，吸取他们的智慧，在听取下属意见的同时，使员工感到自己也在积极做贡献，自己在集体中有着独特的价值。

三、批评和说服的口才技巧训练

1.用类似的故事，巧言暗示，含蓄批评

含蓄暗示是一种特殊的批评方式，如果你温和友好地让对方发现自己的错误并改正的话，谁也不愿意用粗暴的方式批评别人。

某单位开会，张主任要讲话了，会场很乱。为把气氛调整下来，张主任就讲了一句话："有个善于演讲的人总结了一条经验：要调度会场情绪，只要注意两个人。一是看长得最漂亮的人，看着这个人，可以使你讲话更有色彩；第二个是要注视场上最不安定的那个听众，镇住他，使你讲话更有信心。我想学习这个方法，可咱们这儿长得漂亮英俊的有一百个，不安定的听众却不知道找哪一个，这可叫我难办了……"这样的暗示，大家很快在笑声中意识到大声喧哗不对，情绪渐渐地安定下来。

2.从批评自己开始，坦诚相见，拉近距离

一件事情出现失误，领导者首先要敢于承担责任，勇于自我反省和批评，这样才可以在批评下属的时候让大家心理上好接受。

3.抬高对方，说服别人会更容易

北京市103路电车模范售票员王桂英，不但具有全心全意为乘客服务的热情，而且具有高超的说话艺术。有一天，车上乘客很多，而这时又上来一位抱小孩的妇女。于是王桂英照例对乘客们说："哪位同志愿意给这位抱小孩的女同志让个座儿。"但没想到她的话讲了两次，无人响应。王桂英没有着急，缓缓地站了起来，用期待的目光看了看坐在窗口的几位青年乘客，提高了嗓音："抱小孩的那位女同志，请您往后走，窗口处的几位小伙子都想给您让座儿，可就是没有看见您。”话音刚落，“呼啦”，几位小伙子都不约而同地站了起来让座。

要想让别人听你话，首先要把对方推举到一个高度，让他下不了台，不得不听从你的意见，这也是一种高超的技巧。

4.对症下药，以退为进，引导别人想得开

先找到别人心理的症结，然后有理有据地分析，没有人会胡搅蛮缠，不肯罢休的。

一次，某厂职工对厂长说：“现在物价上涨，国家还要向职工发放补贴，依我看，最好是别发补贴，也别涨价。”厂长回答：“你的心情，可以理解，但做不到，也不现实，不符合经济规律。大家回顾一下，20 世纪 70 年代价格不变，凭票供应，三两油，半斤肉，很多家都怕来客人。现在价格改革后不同了，促进了生产发展，丰富了市场供应，现在就不怕来客人了。你们说，是过去价格长期不动、市场凭票供应的日子好过呢？还是现在的日子好呢？我看还是现在的日子好。你们说是不是？”

这段答话，举例得当，诱导有方，听者心悦诚服。

5.抓住要害，亮出观点，快人快语巧说服

1936 年 12 月 12 日发生了西安事变，张学良、杨虎城手下的军官情绪冲动，要把蒋介石杀掉。周恩来接受党中央的委托，到西安力求和平解决问题。面对那些愤怒的军官，周恩来劈头一句：“杀蒋介石还不容易吗？一句话就行了。可是，杀了他之后呢？局势会怎么样呢？日本人会怎样？国家和民族的前途会怎样呢？各位想过么？这次抓了蒋介石，不同于十月革命逮住了克伦斯基，也不同于滑铁卢抓住了拿破仑。现在抓了蒋介石，可是并没有消灭他的实力，在全国人民抗日高潮的推动下，加上英美也主张和平解决西安事变，所以逼迫蒋介石抗日是有可能的。我们要爱国，就要从国家的民族利益出发，不能计较个人的私仇。”周恩来单刀直入地亮出自己的观点，观点明确，使人无不折服。

四、公开演讲的口才技巧训练

1.投其所好，必能打动人心

说听众想听的话，可以瞬间拉近彼此间的心理距离。知己知彼，攻心为上。要仔细揣摩听众的心理需求，掌握它们的心思和疑虑，就能很快赢得共鸣。陌生人之间若能投其所好，说到对方心里，就能使其放松戒备，很快达成共识。

有一位营业员很会做生意。别人问她是不是特别能说会道，她说："我的秘密是把顾客当自己人。"有一次，一位男顾客来柜台前看东西，就是不肯说出买什么东西。凭经验她判断，这个顾客想买一块布。于是，就很热情地说："您想买一块布吧。您看这一块吧，染色不够均匀，您要是特别讲究就别选了。我看您像机关干部，应当挑档次高一点的。这一隐形纹路大方又美观，价格做一身也贵不了几块钱，值得；另外还有几块……我给您参谋一下……"这位顾客看到热情的营业员站在自己立场来给他打算，很爽快就买了布。

2.语言生动，通俗质朴，以简单的方式把思想输入听众的脑子里

3.安排好高潮迭起的感情线索，恰当安排语速和音调

4.制造悬疑，吊人胃口，以奇制胜

这几条不妨在美国黑人运动领袖马丁·路德·金的《我有一个梦想》的演讲中体会一下：

我很高兴，今天能和大家一起参加这次示威游行。它必将作为美国有史以来为争取自由所举行的最伟大的示威游行而名垂青史。

100 年前，一位伟大的美国人——我们现在正站立在他的灵魂的安息处——签署了《解放宣言》。这条重要法令的颁发，在一直忍受着不义与暴虐的火焰烧灼的千百万黑人奴隶的心中，竖起一座光明与希望的灯塔。《解放宣言》似令人欢愉的黎明，即将结束种族奴役的漫漫长夜。但从那时至今，已经有100年历史了，可黑人仍无自由可言。100年后的今天，黑人的生活仍旧悲惨地为隔离的桎梏和歧视的锁链所捆缚；100年后的今天，在浩瀚的物质财富海洋之中，黑人仍旧在贫困的孤岛上生活；100年后的今天，黑人仍旧在美国社会的一隅受苦受难，并且发现自己竟然是自己所在国土上的流放者。因此，我们今天来到这里，把这种不体面的身份戏剧性地表演一下。

就某种意义而言，我们是来首都兑现期票的。当我们共和国的“建筑师们”撰写《宪法》和《独立宣言》中的富丽堂皇的篇章时，他们是在签写一张“期票”，每个美国人都是这张期票的合法继承人。这张期票是一项允诺，即所有的美国人——非但白人，还有黑人都保证拥有不容剥夺的生活权利、享受自由的权利和追求幸福的权利。

但是现在，很显然，就有色公民而论，美国却一直拒付这张期票。美国没有承担如期兑现这张期票的神圣义务。黑人满怀期望，得到的竟是一张空头期票，这张期票被签上“资金不足”的字样。然而我绝不相信，正义的银行会破产。我们绝不相信，在美国，储存机遇的巨大金库竟会“资金不足”！

所以，我们来兑现这张期票来了，来兑现一张将给予我们堪称最高财富——自由和正义的保障的期票。

我们来到这个尊为神圣的地点，其又一目的是提醒美国政府，现在是最为紧迫的时刻。现在既不是享用缓和激动情绪的奢侈品的时刻，也不是服用渐进主义麻醉剂的时刻。是在从黑暗荒凉的深渊中崛起，向阳光普照的种族平等的道路奋进的时刻。现在是把以种族歧视的流沙为基础的美国重建在兄弟情谊般的坚石之上的时刻。现在是为上帝的子孙实现平等的时刻！

如果再继续无视时机的紧迫，就将导致我们国家的不幸。不实现自由与平等，黑人的完全合法的不满情绪就不会平息，令人心旷神怡的金秋就不会降临，炎炎酷暑就不会消逝。1963 年不是尾声，仅是序曲。

如果美国政府继续一意孤行，就会使那些幻想只要发泄一下不满情绪就会满足的人猛醒。在未授予黑人以公民权之前，美国既不会安宁，也不会平静。反叛的飓风将会不断地撼动这个国家的根基，直到迎来光辉灿烂的正义的黎明。

可是我必须对站在通往正义之宫的温暖入口处的人们说一言：我们在争取合法地位的进程中，绝不能轻举妄动。我们必须永远在自尊和教规的最高水平上继续我们的抗争，教友们必须不断地升华到用精神的力量来迎接暴力的高尚顶峰。

已经吞没了黑人共同体内新的敌对状态令人不解，但那绝不应该导致我们对所有白人的不信任——因为有许多白人兄弟参加了今天这个集会。这就告诉我们，他们已经逐渐认识到他们自己的命运与我们的自由是休戚相关的。

我们不能独自前进。而当我们前进的时候，我们必须宣誓永远向前，义无反顾。有些人向我们这些热衷于获得公民权的人发问：你们何时才会满足？答案很明确：只要黑人还是警察的骇人听闻的恐怖手段和野蛮行为的牺牲品，我们是不会满足的；只要我们因旅途劳顿而疲惫不堪，想在路旁的游客旅馆里歇息，或在市里的旅馆投宿却不被允许，我们就不会满足的；只要黑人的基本活动范围还是局限于从一个较小的黑人区到一个稍大的黑人区，我们就不会满足的；只要我们的孩子还是被写着“只限白人”的牌子剥夺人格和自尊，我们就不会满足的；只要密西西比的黑人不能参加选举，而纽约黑人选票还无实际意义，我们就不会满足的。不会的，不会的！除非平等泻如飞瀑，除非正义涌如湍流，我们是不会满足的。

我并没有留意到，你们之中有些人是从巨大的痛苦与磨难中来到这里的。有些人来自狭小的牢房，还有些人来自那对自由的要求竟会招致迫害和接二连三的打击、竟会招致警察兽行般地反复摧残的地区。而你们却一直富于创造性地、坚韧地忍耐着。那么，就怀着一定能获得拯救的信念坚持下去。

回到密西西比去吧！回到阿拉巴马去吧！回到甫卡罗来纳去吧！回到路易丝安娜去吧！既然知道这种境况能够而又必定改变，那么就回到我们北方城市的陋巷和贫民窟去吧！

我们绝不可以在绝望的深渊中纵乐。

今天，我对大家说，我的朋友们，纵使我们面临着今天与明天的种种艰难困苦，我仍然有个梦想，这是一个深深植根于美国之梦的梦想。我梦想着，有那么一天，我们这个民族将会奋起反抗，并且一直坚持实现它的信条的真情——

“我们认为所有的人生来平等是不言自明的真理。”

我梦想着，有那么一天，甚至现在仍为不平等的灼热和压迫的高温所炙烤着的密西西比，也能变为自由与平等的绿洲。

我梦想着，有那么一天，我的四个孩子，能够生活在一个不是以他们的肤色，而是以他们的品性来判断他们的价值的国度里。

我梦想着，有那么一天，就在邪恶的种族主义者仍然对黑人活动横加干涉的阿亚拉巴马州，就在其统治者拒不取消种族歧视政策的阿亚拉巴马州，黑人儿童将能够与白人儿童如兄弟姊妹一般携起手来。

我梦想着，有那么一天，沟壑填满，山岭削平，崎岖小路削为平川，坎坷地段夷为平地，上帝的灵光大放光彩，众生共睹光华！

这就是我们的希望！这是我返回南方时所怀的信念！怀着这个信念，我们就能从绝望的群山中辟出一颗希望的宝石；怀着这个信念，我们就能变我们祖国的嘈杂喧嚣为一曲优美和谐的兄弟交响乐；怀着这个信念，我们就能共同工作，共同祈祷，共同斗争，甚至哪怕共同入狱。虽然知道有朝一日我们终将获得自由，我们就能为争取自由共同坚持下去!

会有这样一天……会有这样一天,所有上帝的儿女们将能带着新的意义来歌唱:我的国家哟!可爱的自由之邦,我为您而歌唱。我的祖先在此终老,清教徒以最早移居此土而自豪,从每个山角,传来自由之声,响彻云霄。必须实现这个理想,那么美国就不愧为一个伟大的国家了。

这篇演讲,开头气势和情绪都很宏大,引人振奋;中间纵古论今,列举事实,贴近听众,更使人产生强烈共鸣;结尾响亮有力,发人深省,不愧为公众演讲实例中的经典之例。

五、外交和应酬的口才技巧训练

1.记住主要特征,借题发挥

在人们的交谈中,如果能记住对方的主要特征,借题发挥,在名字、相貌、服饰、趣闻等方面上做点文章,往往使人倍感亲切,使谈话气氛更加热烈。在这方面,毛泽东可谓行家。

有一次,毛泽东见到郑三生,就风趣地说:"看到你,真是三生有幸呀。"看到久别的周小舟,便高兴地说:"哟!好久不见了,小舟变成大舟了。"1952 年,彭德怀从朝鲜战场上回来向毛泽东述职。两人谈兴正酣,毛泽东却突然问道:"老彭,听说你的小名叫石穿?"彭总点头称是,不知何意。毛泽东接着说道:"你叫石穿,我小名叫石三伢子。我们全是两块石头呀!"彭总谦逊地说:"我怎么能和主席比呢?你是宝石,我只是一块冥顽不灵的顽石。"毛泽东说:"不,我们都是石头,一块扔给杜鲁门,一块扔给麦克阿瑟(指在朝鲜战场上打败美国)。"

毛主席巧用名字做谈资,既风趣幽默,又富于哲理。

2.词义双关,寓意丰富

1984 年,中英双方关于香港问题的第 22 轮会谈在钓鱼台国宾馆举行。周南和英方代表伊文思相遇并寒暄起来。周南说:"现在已经是秋天了,我记得大使先生是春天前来到的,那么经历了三个季节了：春天、夏天、秋天——秋天是收获的季节啊！”

周南用双关的手法，把我们诚恳的态度和坚定的决心含蓄地表达出来了，寓意丰富。

3.偷换所指，巧释词义，破解难题

尼克松评价周恩来谈话的特点是：“精力充沛，准备充分，谈判中显示高超的技巧，在驳理方面表现得泰然自若。”

有一次，周恩来在北京举行记者招待会，介绍中国经济建设的成就及对外方针，一个西方记者讥笑中国贫穷，突然问道：“请问，中国人民银行有多少资金？”周恩来妙语以对：“中国人民银行的资金嘛，有 18 元 8 角 8 分。”记者们愕然。周恩来不慌不忙地解释道：“中国人民银行发行面额为 10 元、5 元、2 元、1 元、5 角、2 角、1 角、5 分、2 分、1 分的 10 种主辅币，合计为 18 元 8 角 8 分。中国人民银行是由全中国人民当家做主的金融机构，由全国人民做后盾，信用卓著，实力雄厚，它发行的货币是世界上最有信誉的一种货币，在国际上享有盛誉。”语惊四座，掌声雷动。

有时候不好回答的问题，可以通过曲解的方式，避开问题的核心，偷换所指，将严肃的问题化解到轻松幽默的解释中，既回答了问题，也保护了自己的利益。

4.把“热土豆”递给对方

讨论问题时，就本质的东西争执不下容易造成僵局。问题弄僵了，会损害到彼此的利益，也关系到面子和尊严。当双方都很固执的时候，不妨故意把这个棘手的问题扔给对方，以退求进，绵里藏针。

陈毅当外交部部长的时候，有一次出访印度尼西亚，就已经陷入僵局的第二次亚非会议的会址问题再次与苏加诺磋商。苏加诺认为真正的力量在亚洲，所有会议不但要在亚洲开，而且要在印度尼西亚开。眼看说不拢了，陈毅和颜悦色地说：“阁下是总统，总统就是统帅嘛，而我只不过是个元帅。元帅当然要听总统的话啦！

您统帅下命令，我元帅当然要执行。但是呢，元帅也有义务给统帅提意见、提建议的。如果统帅老是不接受元帅的建议呢，元帅我就只好辞职不干了。”这段话不紧不慢，绵里藏针，显示了陈毅的高超外交才能。后来，苏加诺经过思考，半开玩笑半认真地说：“元帅阁下，您真厉害！我接受你的意见，就在非洲开吧！”

5.运用幽默，答非所问

有一次，一个小提琴家应一位公爵夫人的邀请去她家里喝茶。公爵夫人看到小提琴家没有准备为她献上精彩的演奏，神情之间非常不悦。等到送走客人的时候，公爵夫人特地交代：“尊敬的演奏家，请您下次来的时候，别忘了带上您的小提琴！”小提琴家机智地回答：“尊敬的公爵夫人，你还不知道吧，我的小提琴是不喜欢喝茶的。”

答非所问，错开问题，幽默的同时也有力地回击了别人的轻蔑。

第六章

职场口才

谁都不是超人，谁都有解决不了的问题，所以在日常生活和工作中，我们常常会有求于人，或求人办事，或求人给自己提供方便、机会或具体的东西，等等。

向别人提出请求的注意事项

一、要注意礼貌

请求别人帮助，无论大事还是小事，都要注重一个“请”字，不要认为是别人“理所当然”的事。如果对人开口称“喂”，闭口称“喂”，那非碰壁不可。另外，对别人的帮助表示感谢应该说得真诚。如你请朋友帮助找到了一本早想要的书，你可以这样说：“谢谢了，没有你的帮助，我恐怕没办法大饱眼福了。”

二、要注意方式

请求别人帮助，如果不是紧急的事，最好是在别人愉快或空闲时间，当别人情绪不佳或事务繁忙的时候，最好不要打扰别人，因为此时的请求效果可能适得其反。另外，在请求方式上说话的语言要婉转，给对方充足的时间，不要催促过紧，以免使对方左右为难。

三、要注意场合

请求别人帮助解决某些问题，要根据问题的性质，该上门拜访的不要到对方单位询问；该个别交谈的不要影响家人；该借助书信请教的不要电话联系。要尽量体谅对方的难处，特别是自己曾帮助过对方的，更不能有意无意给对方施加心理压力，以免使对方感到为难和尴尬，影响帮你办事的积极性。

四、要注意原则

当你请别人帮助解决的某些问题，对本人来说可能是正常的，但对别人来说，由于工作性质和部门不同很有可能有“开后门”之嫌。这时，要全面考虑，掌握求人办事的原则，以免给别人增加负担，影响别人的工作，造成不良的后果。

五、要注意真诚

请求别人帮助的事，要真实地向对方讲清办事的目的，不能有意把事情的难度缩小，更不能掩盖事情的真面目，使对方只知其一不知其二。这是对朋友不信任和自己不诚实的表现，其后果是很不好的。

六、要注意互助

请求别人帮助解决困难，这是朋友之间正常的事，但不能“有事找上门，无事不登门”，更不能当朋友有难处时，自己不闻不问。

帮不了朋友怎么办

一些比较不错的朋友托我们办事时，我们为了保全自己的面子，或为了给对方一个台阶，往往对对方提出的一些要求，不加分析地加以接受。但不少事情并不是你想办就能办到的，有时受各种条件、能力的限制，一些事是很可能完不成的。因此，当朋友提出托你办事的要求时，你首先得考虑，这事你是否有能力办成，如果办不成，你就得老老实实地说，我不行。随便夸下海口或碍于情面都是于事无补的。

当然，拒绝别人的要求也的确是件不容易的事。日本一所“说话技巧大学”的一位教授说：“央求人固然是一件难事，而当别人央求你，你又不得不拒绝的时候，亦是叫人头痛万分的。因为，每一个人都有自尊心，希望得到别人的重视，同时我们也不希望别人不愉快，因此，也就难以说出拒绝之话了。”

的确，在承诺与拒绝两者之间，承诺容易而拒绝困难，这是谁都有过的经验。

有人来请托你一件事，这人必然有计划而来，最低限度，他已准备好怎样说。你这方面,却一点儿准备都没有,所以,他可是稳占上风的。

他请托的事,可为或不可为,或者是介乎两者之间,你的答复是怎样呢?许多人都会采取拖的手法。“让我想想看,好吗?”这话常常会被运用。

但有些时候,许多人会做一种不自觉的承诺,所谓“不自觉的承诺”,就是“自己本来并未答允,但在别人看来,你已有了承诺”。这种现象,是由于每一个人都有怕“难为情”的心理,拒绝属于难为情之类,能够避免就更好。

但要记住,现在大多数人都喜欢“言出必行”的人,却很少有人会用宽宏的尺度去谅解你不能履行某一件事的原因。我们常常听见某甲埋怨某乙,说:“某乙分明应允了我……但……”事实上,某乙可能答应过某甲,但那不过是某乙怕难为情不好意思拒绝而已,往后他仔细一想,便觉得这事儿根本不可能办成,甚至某甲自己也知道这事儿实在是强人所难的。但是某甲真的会自责而不责人吗?恐怕不会的,而在旁人看来,也总是觉得某乙不对,因为到了那个田地,已经没人注意当初的一切了。

拿破仑说:“我从不轻易承诺,因为承诺会变成不可自拔的错误。”

有人会发此疑问:当我们在朋友面前,被迫得“非答应不可”,而实际上明知这事不该答应时又怎么办?

人际关系学家告诉我们:“我们需要在聆听别人陈述和请求完毕之后,轻轻摇摇头,而态度并不强烈。”

轻轻摇摇头,代表了否定,别人一看见你摇头,知道你已拒绝,跟着你可以从容说出拒绝的理由,使别人易于接受你不能“遵办”的苦衷,就不会对你记恨在心。

有许多事情常是这样的,看来应该做,但一做起来很麻烦。比如你有一位好友做了人寿保险经纪人,他来向你说了一大堆买人寿保险的好处，然后，他请你购买100万元保险。你也明知此举真有益处，但是，后来当你细心一想，如果照他的要求，你每月要付出的保险费，等于你收入的1/3，而目前你的收入，也不过是仅可敷衍日常生活所需。而你一定明白这事儿很难办到，你就不妨“轻轻地摇头”，然后说出上述的理由。

有些人喜欢拖，或要人家跑几次来听他的最后答复，这都不是好的应酬之道，我们不是常常听见这样的怨言：“他不答应，早该对我说呀！”

这样一来，你在别人眼里就成了一个言而无信的伪君子。

有时，出于难为情，对于别人提出的请求没法一口回绝。在这种情况下，许愿就要掌握分寸，应根据不同的具体情况采取不同的许愿方式和方法。这里有三种方法可资借鉴：

一、弹性许愿

对把握性不大的事儿可采取弹性的许愿。如果你对情况把握不很大，就应把话说灵活一点，使之有伸缩的余地。例如，使用“尽力而为”“尽最大努力”“尽可能”等有较大灵活性的字眼。这种许愿能给自己留下一定的回旋余地，但一般会给对方留下疑虑，取得对方的信任的效果要差一些。

二、延缓性许愿

对时间跨度较大的事情，可采取延缓性的许愿。有些事情，当时的情况认准了，可是由于时间长了，情况会发生变化。这时，你在许愿中可采用延缓时间的办法，即把实现许愿结果的时间说长一点，给自己留下为实现许愿创造条件的余地。比如，有人要求老板给自己加薪，老板就可以这样说：“要是年终结算，厂里经济效益好，我可以给你晋升一级工资。”用“年终结算”一语表示实现许愿时间的延缓，显得既留有余地，又入情入理。

三、隐含条件的许愿

对不是自己所能独立解决的问题，应采取隐含前提条件的许愿。这即是说，如果你所做的承诺，不能自己单独完成，还要谋求别人的帮助，那么你在许愿中可带一定的限制词语。

比如，你许诺帮助朋友办理家属落户的问题，这涉及公安部门和国家有关政策，你不妨这样说更恰当一点："如果以后公安部门办理农转非户口，而且你的条件又符合有关政策，我一定帮忙。"这里就用"公安部门办理"和"符合有关政策"对你许愿的内容作了必要的限制，既见自己的诚意，又话语灵活，具有分寸，还向对方暗示了自己的难处(也要求人)。真是一石三鸟！

为人处事，应当讲究言而有信，行而有果。因此，许愿不可随意为之，信口开河。明智者事先会充分地估计客观条件，尽可能不做那些没有把握的许愿。

须知，许了的愿，就应努力做到。千万不可因一时事急，乱开"空头支票"，愚弄对方。一旦自食其言，对方一定会特别恼火。

万一因情况有变而没实现自己的许愿，也应向对方如实说明原因，并诚恳地道歉，以求得对方的原谅和理解。

对于自己根本没有能力办到或不想办的事情，最好及时地回绝。拒绝并不是简单地说一句"那不行"，而是要讲究艺术，即拒绝了对方的不适当要求，又不致伤害对方的自尊，也不损害彼此的关系。

第七章

商务谈判口才

在商务谈判中，对方的底价、时限、权限及最基本的交易条件等内容，均属机密。谁掌握了对方的这些底牌，谁就会赢得谈判的主动。因此，在谈判初期，双方都会围绕这些内容施展各自的探测技巧，下面就有关技巧做一些介绍。

谈判要具备很高的综合素质

一、谈判高手的十项素质

1.具有正确健康的谈判意识

管理谈判者的谈判意识须是健康的，即以正当竞争的手段来达到存异趋同的目标。那种在谈判中想“出口气”“出风头”，而试图将对方置于死地而后快的潜意识，则不符合谈判的真谛，也是不可能成为一个真正的优秀谈判人才的。

2.具有丰富的社会经验和广泛的理论知识

谈判是人类各种知识和经验的综合运用过程，具有极为复杂、微妙的具体规定性。谈判桌上的各种议论，有时声东击西，有时拐弯抹角，乍看起来，与谈判内容毫不相干，实则是在“兜圈子”“摆迷阵”。只有深谙世故、知识渊博的谈判高手，才能不辱使命。

3.具有善于思索，精于判断，洞察秋毫的能力

善于思索是管理谈判者所应具备的最基本要素，而认识事物、判断事物的准确，则是谈判能手的必备素质。谈判过程充满着多种多样始料不及的问题和假象，需要管理者不断去认识、思考、判断、观察、分析和综合，以便不断地根据新情况、新问题及时调整自己的谈判方案。

4.敢于冒险，积极进取，但绝不得寸进尺

敢于冒险，这是力量和勇气的象征。这对管理谈判者来说是极为重要的。例如，1935 年 9 月 15 日，纳粹德国公布了剥夺犹太人的一切公民权利并禁止雅利安人与犹太人通婚的《纽伦堡法令》。1936 年，德国边境已对犹太人完全封锁了。当时有位犹太人凭着自己的智慧和冒险精神，不仅从德国死里逃生，而且还带出了他的所有财产。他把自己的全部财产都押在别人的口头承诺上，并一举获得了成功。杰勒德·尼尔伦伯格认为："如果一个人非得要先肯定这是最好的办法或这是唯一的办法，才敢做出决断，那么他绝不可能创造性地去解决问题。"人类的活动，往往由于过分审慎，而丧失了很多成功的机会。对一个管理谈判者来说，越是敢于冒险，敢于面对已获得的巨大成功和意外惨重的失败而积极进取，就越是有力量。

但必须指出，这种冒险和进取所期望的目标，绝不应该被解释为永无止境的贪得无厌，就是说，谈判的利益决不可以为一方所独占。勇敢的进取精神与冒险，会增大成功的可能性，但这种成功的目标，一定要有限度。

5.机智幽默，随机应变

谈判是一种极为复杂而艰巨的求同存异的过程。人的情绪、思路及客观情况，往往会瞬息万变。这就要求管理谈判者在任何情况、任何条件下，都能反应敏捷，机智幽默，"敌变我变""以不变应万变"地对待谈判，这也是管理谈判者应具备的素质。

6.礼让温存，胸怀坦荡

管理谈判者要有大家风范，君子胸怀，举止坦诚，格调高雅，彬彬有礼，和蔼待人。这样才能为谈判创造一种和平友好的合作气氛。不要事事计较，不苛求于人，不对别人的暂时误解耿耿于怀。

7.稳健而富有耐心与恒心

只有稳住持重的人，才能担负谈判的重任。谈判的艰巨性，不亚于任何其他事业。许多重大艰难的谈判，不是一轮、两轮就能完成的，如果管理谈判者没有坚韧不拔、忍耐持久的恒心和泰然自若的精神，是难以适应的。谈判往往会出现拉锯式的僵局，最后的转机往往取决于"最后五分钟"。有一个很著名的生意谈判能手曾这样说："永远不轻易放弃，直到对方至少说了七次'不'。"弗朗西斯·培根在《谈判论》一文中也指出："一切艰难的谈判之中，不可存一蹴而就之想，唯徐而图之，以待瓜熟蒂落。"

8.巧言善辩，思维严密

谈判是思想观点的交流，是借助语言传递来完成的。这就要求管理谈判者有思辨的大脑和伶俐的口才。谈判桌前，无论是和风细雨还是声色俱厉的交锋，都要求管理谈判者具有严密的逻辑思维和雄辩的言辞。

9.刚毅、果断，勇于承担主角责任

勇于承担主角责任的人，才会敢于工作，致力创新。管理谈判者在谈判中，应当对谈判的后果负责。这就要求管理谈判者在面对重大责任或险局的紧要关头，刚毅、果断，勇于决策，决不优柔寡断，退缩回避。我们无法设想，一个管理谈判者遇事惊慌失措，不敢提问题或不敢回答别人提出的问题，会使谈判进行下去。

10.认真细致的工作态度

谈判，特别是较为正规的谈判，对谈判者的要求是工作态度严肃认真，一丝不苟。严肃认真的谈判者，应该建立谈判档案。谈判中，应随时做好谈判备忘录，使己方的谈判工作在规范化、程序化的轨道上有条不紊地进行。古今中外的许多谈判经验告诉我们，谈判如同高手对棋，稍有疏忽，就可能导致全盘惨败。

二、成功人士的谈判原则

在商业谈判时，最无情的对手往往是最厉害的对手。在原则的问题上，绝对不能给对方半点可乘之机。因此，要练就谈判时的铁嘴钢牙，一定要经过一番艰苦的锻炼。下列的谈判原则是许多成功人士多年经验的总结，值得人们认真学习和利用。

（1）不要因为碍于情面而在谈判中让步。

（2）谈生意，不能光算良心账，不算经济账。

（3）经营谈判，成功与否有时取决于诚意如何，取决于科学地预测成功的可能性。

（4）不要把经营谈判中“随机应变”的作用估计过高。

（5）避免被对方采取的心理威慑吓倒。

(6)莫把经营谈判中“心理战术”的作用无限夸大。

(7)不要总到对方的地域去谈。

(8)切不可认为一味地夸耀自己的企业、自己的产品，就能使谈判成功。

(9)在商业谈判中，不可向对方炫耀自己的行政级别、职务、职称。

(10)在谈判中，不要被对方企业的规模巨大、谈判对手的地位之高所压倒。

(11)不应当在人家兴高采烈时表示拒绝，要选择合适的时机拒绝对方的不合理要求。

(12)谈判时，在表示拒绝时，不要总绕弯子，要坦诚、直率。

(13)谈判时，要说服，不要压服。

(14)谈判时，不要用轻蔑的语言。

(15)谈判时，不要自吹自擂。

(16)谈判时，不要自卑。

(17)不要在谈判中自动放弃主动权。

(18)在经营谈判时，不要紧张，要深思熟虑。

(19)在谈生意时，不要寸利必夺，寸土必争，该放弃的就要放弃。

(20)谈生意时，不要只“达理”而不“通情”，要注意情感的交流和相互的理解。

(21)“店大欺客”是一种不道德的行为，也不利于经营。

(22).经营谈判中，不可意气用事，不能进行情绪性的谈判，而要进行理解性的谈判。

(23)对于谈判中的“僵局”，不可用强硬的方法去化解。

(24)要坚持兼顾双方利益为谈判原则，不要以损害对方利益为满足。

(25)不要以为谈判对手不能合作。

(26)谈判中,要有必要的忍耐。

(27)谈判中,该拒绝的马上拒绝,不要随意拖延。

(28)谈判时,不要有厌烦、急躁情绪。

(29)谈判时,不要离题太远。

(30)谈判时,不要在对方提出自己毫无思想准备的问题时,惊慌失措。

(31)谈判时,在对方指出自己企业、团体的弊端时,不要恼羞成怒。

(32)要记住"挑剔是买主"。

(33)要记住"买卖成与不成,都要使友谊长存"。

(34)谈判中,不要把话说得太绝。

(35)不要对方说出任何批评您的话,都要去解释一番。

(36)如果顾客不讲理,您不能"以其人之道,还治其人之身"。

(37)对待顾客,不能"得理不让人"。

(38)谈判中,遭到拒绝,不要沮丧。

(39)谈判中,不要不给对方说话的机会。

(40)谈判中,要注意语言简洁。

(41)在谈判中要有勇气说"我不了解"。

(42)在谈判中,在你真正了解以前,你要继续说"我不了解"。

(43)在谈判中,应该坚持事情必须逐项讨论。

(44)当有人存心搅和讨论时,千万不要让他得逞,你可以用自己的方法来讨论,并且要让他倾听你的理由。

三、培养专注技巧

"专注技巧"一词是指用身体给讲话人以"我在注意倾听"的表示,不论在一对一谈话中或小组讨论中,用你的身体"倾听"。这些技巧自然会随文化的不同而不同。

1.参与的姿势

如果参与的姿势,让人看上去应该是放松而清醒的。保持坦然直率的姿势，手臂不要交叉。不要僵硬不动，要随着讲话人的话作出反应。坐着的时候，要面对讲话人，身体略向前倾。一个非口头的表现兴趣的技巧是随着讲话人的姿势不断调整自己的姿势。

2.距离

无论坐或站，都要与讲话人保持一定的距离——既不要太近也不要太远。

文化专家爱德华·豪认定了以下空间区域：在英美文化里，18英寸到4英尺是“个人空间”；0到18英寸是“亲密空间”。但是判断距离恰当与否的最好办法大概还是要看与你谈话的人在距离上是否感到舒服；如果他向后退，说明你离得太近了；如果他向前倾，说明你离得太远了。坐着谈话的时候，应记住，坐在桌子上首的人具有一定的权力，同坐一边被认为是合作，隔桌而坐被认为是竞争。一对一的情况下，不要坐得或站得比讲话人高。

3.目光交流

可以用目光表示感兴趣。应柔和地注视讲话人，可以偶尔移开视线。不要无表情地瞪视，长时间地看别处或是不断在房间中巡视，好像你对其他东西感兴趣。避免明显的粗鲁行为，如阅读、看表或盯着窗外。

4.消除障碍

为了集中注意力，要努力消除任何分心的可能。譬如，如果在办公室，可以把电话挂上，关上门，并从桌子后面走出来。在小组交流时，可以走到讲台前面来。此外，注意其他分心的事情，如心不在焉地乱写乱画，敲击铅笔，把纸张推来移去或不安地摆弄眼镜、戒指、辅助图片、提示卡等。

成功谈判报价技巧

一、谁来先报价

在商务谈判中，究竟谁先报价？是卖主，还是买主？这个问题在实践中一直有争论。我们先来分析一下先报价的利与弊。

其有利的方面是，先报价的影响大。如果卖主先报价，实际上为谈判定下了框框，最终交易合同将会在此范围内达成。因此，先报价比后报价的影响要大。

其弊病方面是，买主即对方听了卖主的报价以后可能对自己的想法进行调整。由于对卖主的价格起点已有所了解，他们可以修改自己的报价即回价或还价，获得本来可能得不到的好处。

因此，究竟谁先报价要具体分析，看看先报价、后报价哪个对己方有利。如果谈判很激烈，则不妨先报价，以争取主动。如果是正常的客户和正常气氛的谈判，则可以相机而行，见机行事。

若谈判对手是老客户，同你已有长时间的业务往来，双方的合作关系也搞得不错，彼此了解，关系融洽，在这种情况下，谁先报价对双方来说都无所谓了。而且，在洽谈各项合同条款时，也不必逐项地议定，因为以往通行的做法已经得到了双方的确认，需要洽谈的只是少数几个交易条件。由于双方彼此之间都比较信任，合作气氛浓厚，报价和议价阶段也就不再是一个棘手的需要反复较量的过程了。双方都不会在枝节问题上过多地纠缠，因而整个谈判进程就可大大加快，在较短的时间内也就能顺利地拍板成交了。

二、开盘价喊价技巧

对卖主来说，一般的开盘价是最高可行价。从买主来说，一般是最低可行价。但是，从习惯上来说，卖主的开盘价是人们极为关注的。

为什么卖主的开盘价往往是最高的呢？这是因为，开盘价给卖方的要价定了一个最高的限度。一旦确定，就不好再提出更高的要求了，买主也不会接受比这更高的价钱了。开盘价是卖主对自己商品的一个评价，同时也会影响买主对商品的评价。如果开盘价高一些，就为以后的磋商留下余地，手上也就有了一个进行交易的筹码。

一般来说，卖主的要价越高，目标越高，可能带来的好处就越多。事实上，卖主喊价较高，往往会以较高的价格水平成交。要价高得出乎意料的卖主，在谈判不至于破裂的情况下，倘若坚持到底，往往会有理想的结果。

可见，开盘价报的高是合乎情理的，但不能漫天要价。一旦要价超出了一定的范围，有可能使自己陷于被动，丧失信誉。

喊价有以下技巧：

(1)如果对方过分追求自己的利益，从一开始就向己方施加压力和影响，则必须以牙还牙，以高价向他们施加压力。

(2)如果与对方谈判的不只我方一家，竞争对手较多，那么，则必须把价格定得至少能到接受的地步，使之有一定的吸引力，并能维持谈判。

(3)如果对方一贯与己方友好，则报价要稳妥，一般不要太高。

由此可见，卖方开盘价喊价高只是一个一般的原则，具体情况要具体分析。

在报价时还要注意：报价要明确，没有保留，毫不犹豫，提出报价也不必去做说明。这是因为，对方对你的报价一般不会接受，最起码不会马上接受，必然要进行质问。如果你报价后立即说明，反而会使对方意识到："啊，原来你们关心的是这些问题啊。"

因此，在商务谈判时，报价有三条原则，即：

(1)坚定。

(2)清楚。

(3)不加解释和说明。

及时掌握谈判的主动权

美国商人最大特点的谈判风格是所谓“先发制人，再论其他”，这种风格是基于这样一种思想，即同你谈判的人，是在交锋之前就必须将其击败的对手。这种谈判风格深深地根植于美国人强烈的独立精神、竞争意识、喜好辩论和缺乏耐心的传统。

因此，具有明显讽刺意味的是，今天公认的成功的谈判艺术恰恰源于与其截然相反的价值观念，即在谈判中有益的态度是相互依存、合作、讨论和耐心。

谈判不同于解决矛盾。解决矛盾主要是调解公司内部各方之间的分歧；谈判则是解决公司同外部力量——其他公司、客户、政府机构或者消费者集团之间的分歧。解决矛盾是内部事务；谈判是涉外事务。在解决矛盾时，你作为一个总裁比任何一个与冲突有关的人员有更大的权威；在谈判中，你作为公司总裁则是两名平等的对手之一。

在商业谈判中，斗智斗勇的目的就在于不让对方有可乘之机。须知“一步放松，步步被动”，许多谈判的失败一方就是这样逐渐走向被动的。所以，成功人士指出，商业谈判时应注意以下原则：

(1)替自己留下讨价还价的余地。如果你是卖主，喊价要高些；如果你是买主，出价要低些。不过不能乱要价，价格务必在合理的范围内。

(2)让对方先开口说话，让他表明所有的要求，先隐藏住你自己的观点。

(3)让对方对重要的问题先让步，如果你愿意的话，在较少的问题上，你也可以先让步。

(4)让对方努力争取所能得到的每样东西，因为人们对于轻易获得的东西不太珍惜。

(5)不要让步太快，晚点让步要比较好些，因为他等待越久，就会越加珍惜它。

(6)同等级的让步是不必要的。例如对方让你60%，你可让他40%，如果对方说你应该让我60%时，你可以说，我无法负担来婉拒对方。

(7)不要作无谓的让步，每次让步都要从对方那儿获得某些益处。

(8)有时不妨做些对你没有任何损失的让步。

(9)记住，“这件事我会考虑一下”，这也是一种让步。

(10)不要掉以轻心，记住每个让步都包含着你的利润。

(11)不要不好意思说“不”。大部分人都怕说“不”，其实，如果你说了够多“不”的话，他便会相信你真是在说“不”。所以要耐心些，而且要前后一致。

(12)不要出轨。尽管在让步的情况下，也要永远保持全局的有利形势。

(13)假若你在作了让步后想要反悔，也不要不好意思，因为那不算是协定，一切都还可以重新再来。

(14)不要太快或者作过多的让步，以免对方过于坚持原来的价格；在谈判的过程中，要随时注意对方让步的次数和程度。

组织好开场白

开场白在整个沟通过程中的作用都是十分重要的。然而，做口头谈判时，开场白就比做笔头沟通时更为关键。读者可以选择

在何时、何地阅读书面的东西，而听众则不同，时间和地点都是强加给他们的，他们无法自己选择，他们的脑子里很可能装着许多其他的事情。因此，许多谈判专家建议利用谈判的头一二分钟做开场白。具体而言，组织开场白，应当从两个方面努力。

一、明确目的

开场白应当完成以下四种中所有尚未完成的任务：

(1)提高听众的兴趣，特别是当他们的兴趣降到很低的时候。

(2)告诉听众你的讲话为什么与他们有关，特别是当这种关系不那么明显的时候。

(3)如果听众对你不熟悉或你在听众中的威信不高时，你的开场白应该使听众明白你是有资格来跟他们谈这个问题的。

(4)开场白应为你提供一个你与听众之间建立亲善关系的机会。

为了达到这些目的，考虑以下技巧来组织你的开场白。

(1)运用幽默。

(2)谈谈非同寻常之处。

(3)谈谈大家都熟悉的事。

(4)运用鼓动听众技巧。

二、明确阐述论点

明确阐述论点，把材料组织得有条理，可以通过以下几点来完成。

1.预览主要的论点

预览谈判内容的目录，议程表和提纲。商务谈判中最常见的问题就是缺少预览。在开始讨论你的主要论点之前，一定要作明确的预览。

对于比较正式的场合，预览可以是这样的："在下面的20分钟里，我将对东南部、东部和中西部的销售进行讨论。"对于不那么正式的场合，你可以这样进行预览：“我想谈谈三个区域的销售数据。”总之，预览的目的就是给听众一个关于你要讨论的内容的轮廓，一个很概括的提纲。

2.阐述主要论点

开场白和预览之后，开始阐述主要论点。每一个主要论点必须与谈判预览完全一样。谈判者常常是预览了这些论点之后，却只讨论其中的一部分或随意增加另外的论点，因而常常把听众搞糊涂了。

3.限制主要论点的个数

要限制一次谈判中主要论点的个数。认知心理学试验结果表明，主要论点多于三到五个时，人们便不易领会。这倒不是说，讲完三个论点，你就坐下，而是要把复杂的想法分成三到五个方面。

4.使用清晰的承接词

讲话比写文章更需要在主要章节或主要部分之间，使用较长、更清晰的承接短语。听众与读者不同，他们很可能记不得你所列举的是什么，因此，不要用“第二”或“另外”等之类的简短承接词，使用“第二个建议是”或“这个系统的第二个好处是”这样比较长的承接短语。

5.作阶段性小结

下面是一个阶段性小结的例子，然后是向下一主要部分过渡的清晰的转折：“我们已经讨论了这个市场计划的三个部分——修改促销计划、增加直接邮购以及取消赠券计划，现在让我们来谈谈该市场计划的财务影响。”

6.使用有效的结束语

应当使用语气比较强的明显的过渡性短语——比如“总而言之”或“最后”来开始你的结束语。有效的结尾可采用下列形式之一：

(1)作个总结。总结一下主要论点是一个有效的结束方式。

你可能会觉得这样做有些重复。但是，这样的加强和巩固，对解释说明和指示教育等情形是特别有效的。

（2）前后呼应。另一种结尾是回到开场白中提到的反问、允诺、形象或故事。

（3）以行动方案结尾。也可以根据谈判内容，以号召行动结尾，使得"下一步该做什么"更加明确。

（4）谈谈对听众的好处。最后，还可以用如果听众听从了你的建议会获得什么样的好处作为结束。

三、运用好入题技巧

谈判是一种双方智慧耐力的较量。它不同于赛跑，赛跑是谁先跑到终点谁就是赢家。谈判不仅要具备实力，还要掌握各种技巧，这些技巧的使用有时会影响谈判的全局。谈判双方刚进入谈判场所时，难免会感到拘谨，为此，必须讲究入题技巧，采用恰当的入题方法。

1.开场入题技巧

作为一名有经验的谈判者，他首先应该知道怎样打开局面。因此搞好开场入题对谈判双方都很重要。开场入题作为谈判者最先发送的信息，它如同戏曲演出前的开场锣鼓，直接影响对方的心态。而一套好的开场入题会扫去谈判者的怀疑心理和紧张气氛，更有利于谈判的进行。

开场入题表达的方式主要有六种：

（1）间接入题

一般谈判一开始不要直接涉及谈判主题，这容易给人造成一种剑拔弩张之势，影响谈判的融洽氛围。谈判时可采取迂回方式，如寒暄或谈论有关双方公司的简单情况。寒暄的话题或者是有关天气、季节情况或对方家庭、亲属情况，也可以是目前最流行的事物或热门话题，还可以针对谈判场所的一幅字画或某一具体实物展开谈话。另外还可以谈论双方公司的生产、经营、财务状况等情况。通过这些谈论可以很自然地进入下面正式的谈判。

(2)直接方式

直接方式即开门见山,直接把自己的设想表达出来。让对方一听就明白。直接方式是在双方时间比较紧迫或双方比较熟悉的情况下采用的一种方式,它可以先从细节问题入手,也可以先从原则性问题入手,还可以从某一具体议题入手。例如:“×先生,我有一个设想,现在已进入春季,在您那里搞一次空调新产品展销,对您今后的销售会有好处。”

开场入题的表达还要注意,对对方要友好问候,做到热情真诚。这样能迅速缩短双方心理距离,创设良好的谈判气氛。如果一开始就对谈判对手冷眼以对或给他钉子碰,这样往往不利于谈判的进行,因为谈判者和我们每个人一样,都有怕被拒绝的心理。无论他们是否具备十足的勇气,但在潜质里都有一种惧怕困难和麻烦的心理。这就像人们登山或走路,都愿意走平直的路,而不愿走崎岖不平、充满险阻的路一样。

(3)迂回入题

为避免入题单刀直入,过于直露,影响谈判的融洽气氛,可采用迂回入题的技巧,例如,可先从题外话入题,从介绍己方谈判人员入题,从“自谦”入题,从介绍本企业的情况入题等。

(4)先谈细节,后谈原则性问题

先从洽谈细节问题入手,待各项细节问题谈妥之后,再谈原则性问题,也就自然而然地达成了原则性的协议。

(5)先谈一般原则,后谈细节问题

这种技巧适用于大型的商务谈判。由于需要洽谈的问题千头万绪,双方高层谈判人员不应该也不可能参加全部谈判过程,这样谈判要分成若干级别进行多次谈判,这就需要采取先谈一般原则,再谈细节问题的方法入题。原则问题谈妥了,洽谈细节问题也就容易了。

(6)从具体议题入手

大型贸易谈判总是由具体的一次次谈判组成，在具体的每一次谈判会议上，双方可以首先确定本次会议的商谈议程，然后从这一具体议题入手进行洽谈。

2.自然地把话引入

作为一名谈判者，应当学会找准时机，自然地把话引入正题。

四、在心理上压倒对方

在商业谈判中，不是东风压倒西风，就是西风压倒东风，谁占据主动就意味着获得更多的利益，因此，谈判中应采取下列措施，在心理上压倒对方：

1.充分暴露对方商品的缺点

对于卖主的商品所有缺点加以揭露，借以达到杀价的目的。

2.采取拖延战术

为了使对方降低售价，你可以提出很多理由，予以拖延，尤其是对方为卖主而急欲脱手时，更要采取拖延战术。例如，你可佯称需一定时间汇集资金，刻意拖延时间，直至卖主急得像热锅上的蚂蚁，或等到待售期限的最后一个阶段，再予以杀价。或者你不妨提出同类商品廉价出售的材料，使卖主对自己所开高价失去信心。

3.揭示早卖出的好处

应让卖主充分认识到，如能早日卖出，先得现金，数月后所得利息，即可抵偿商品价格差额。

4.利用迂回战术

尽量利用第三者出面与卖主洽商，采取迂回战术，或让多人分别杀价，将所杀价结果进行比较，得出卖主愿售价格的答案。

5.使用说谎的方法

可伪称代理远方亲朋购买商品，这样即使你提出的杀价理由虽不充分，也不会使卖方生厌。

6.欲擒故纵

对于所看的商品，明明中意，仍要表示出不喜欢的种种理由，借此杀价。

7.采用合伙之计

告诉卖主你有合伙人拟共同投资，你须与合伙人协商，而且你所出价格需经合伙人同意，才能成交。为了使对方售价降低，你可提出很多理由，予以拖延。

五、把探测阶段摆在首位

任何正式洽谈都将探测阶段放在首位。它对谈判前途有着不容忽视的影响。在探测阶段，己方必须巧妙地设计开局发言、策略评估以及澄清立场等方面的内容，明白无误地阐明己方立场，弄清对方意图，灵活、机动地调整己方的策略，这是己方在谈判的控测阶段必须解决的首要问题。

1.开局发言

谈判员在探测阶段的开局发言应当做到简洁明了，提纲挈领地阐明己方立场，切忌谈判双方互相询问，探测对方意图，深究某一具体问题，因而影响谈判的整体效果。在发言的内容上，应集中阐述己方的想法，包括己方认为谈判控制在什么范围比较合适，己方对哪些问题比较关心，哪些问题比较重要，应该优先考虑，己方有哪些希望，有什么担心，己方的基本态度是什么，愿做哪些希望，有什么担心，己方的基本态度是什么，愿做哪些方面的努力等。谈判的目的是为了取得符合双方利益的积极成果，要实现这个目标，在探测阶段就需要尽情地展开想象的翅膀，搜寻各种合作的机会。因此，双方谈话的内容必须广泛，尽量避免话题讨论单一，致使谈判误入歧途。不过，话题再广泛，彼此之间也应有一定的联系，即在多样中寻求统一。这是因为，强调联系性有助于双方进行互利合作，而且还有相互启发之妙，双方相互启迪浮想联翩，就能创造出许多合作的机会。

2.策略评估

随着探测阶段的发展，对谈判对手的意图、策略、谈判风格及个人修养等一系列情况有了一定的了解。假如己方发现对方在开局至探测阶段都是闪烁其词，态度暧昧，那么也就可以断定他没有多大诚意。对于在探测阶段所介绍的各种信息，应该进行分析、整理，进而调整自己的谈判策略。这项工作最好在休息时间内进行，既可保证专心致志地谈判，又不影响对方的情绪。因此，当探测阶段进行一定时间后，可以提议休息3～5分钟，在这几分钟内，要努力抓住有代表性的若干环节，集中分析对方的谈判态度、意图和策略。例如，在开局以来对方是怎么做的，是坦诚友好还是令人莫名其妙？对方在发言中是否开宗明义？己方发言时，对方是认真倾听，还是寻机捞些好处？在整个会谈过程中他提了多少建议，主旨是什么？接受了己方多少建议？对方的谈吐是灵活巧妙还是平铺直叙？己方对他采取什么策略为宜？

3.**澄清立场**

在谈判过程中，当对方在发言时，己方一要洗耳恭听，间或澄清、概括对方谈话要点；二要发表自己的见解，澄清己方立场。所谓洗耳恭听就是专心致志地去听对方讲话，不做丝毫的批驳准备；澄清就是说如遇到疑难问题，提出来请对方再解释一下或证实一下；而概括则是指反馈对方的发言要点，在听清对方基本观点之后，己方可以谈谈自己的观点。为强调气氛起见，这时还应提一提双方已取得一致的地方，并注意保持其原貌，保证谈判在轻松的气氛中顺利进行。

六、操纵谈判的格局

谈判是人类社会活动中的基本行为之一，它涉及传统和当代的行为科学。美国谈判大师荷伯·科恩指出，被我们称之为合作谈判的，绝不是通过施展各种手腕和诡计，争个你死我活或两败俱伤的概念，而是谋求一致，皆大欢喜，使谈判双方达到最大限度上的共鸣。

1.紧握谈判的权力

权力是一种动人心弦的东西，是一种能够把事情办成功的能力或本领。权力是人们对你的一种认识，即他们认为你能够或可以给他们有意造成一种结果，他们相信这种结果会帮助或损害他们。在谈判中，可以把权力划分为：竞争权力、正统权力、冒险权利、承担权力、专业知识权力，了解“需要”的权力，投资权力，酬报或惩罚的权力，认同权力，道德权力，持久的权力，说服力的权力，态度的权力。在谈判中，对方总是认为你比你自己认为所有的权力和权威更大。

2.限制谈判的时间

有经验的谈判者具有能忍受紧张压力的耐性，既不逃避，也不争吵，学会控制自卫反应，冷静而机警地等待有利时机的到来，再采取行动。在相互对立的谈判中，你的最佳策略是别向对方暴露你的实际截止期。要明白，既然截止期是谈判的成果，所以截止期比人们所认为的要更加灵活，不要盲目地遵循截止期，但要考虑一个接近或超过截止期会带来什么危害。对方自己也有个截止期，在许多情况下，他们外表的平静是为了掩盖内心的极大紧张和压力的。在不能保证于己方有利时，切勿草率行事，快是得不到最佳结果的，只有慢慢地坚持不懈才能取胜。通常在临近截止期时会发生权力突变，从而带来创造性的解决，甚至会出现对方改变立场。人是不可能改变的，但随着时间的推移，情况会改变的。在谈判中，对方受到的组织压力、时间限制和严格的截止期似乎跟你感受到的情况不一样。

3.把握谈判的信息

信息影响着我们对现实的评价和所作的决定。在谈判期间，隐瞒真正的利益、需要和优先事项常常是谈判双方的共同策略。采用这一策略的根据是因为信息的力量，信息是谈判中的权力，在我们不能够完全相信对方的时候尤其如此。在参加谈判时，最重要的事情莫过于对方的极限,即超过后对方就不能行动的极限。所以,对手的金融状况、优先条件、截止时间、成本、实际需要和组织压力等信息,我们了解得越多,我们越容易赢得谈判。此外,对方让步行为的增加额度,是在传达其真正权限的明确信息。

在谈判中,对方了解你和你的需要似乎比你了解对方和对方的需要更清楚。

4.明确谈判的层次

谈判具有三个层次:个人间——个人与个人的谈判;组织间(不包括国家)——大的组织间的谈判;国家间——国与国的谈判。

5.引导谈判的取向性

在谈判中下列各种带有取向性的方法,是根据在某个特定场合对它们的有效控制程度排列,就是说,谈判者对第一种方法较之对第二种方法更能够加以控制:谈判者顺从对方需要;谈判者使对方服从其自身需要;谈判者同时服从对方和自己的需要;谈判者违背自己的需要;谈判者损害对方的需要;谈判者同时损害对方和自己的需要。在同那些只能反复使用两三种方法的人谈判时,你能掌握的驾驭谈判局势方法的取向性越多,你在谈判中获得成功的可能性就越大。

谈判中如何拒绝对手

谈判过程就是一个以协商为手段,以互利为目标,通过双方互有拒绝又互有承诺而达成共识的活动过程。一个高明的谈判者,不仅应当敢于在不能允诺对方的时候说出一个"不"字,而且应当善于为了减少因拒绝对方而造成的对方心理与感情上的伤害而说出这个"不"字。

下面介绍谈判中几种婉言拒绝的技巧:

一、局限抑制拒绝法

在谈判中，假如对方提出的要求超过了己方所能同意的程度，而运用其他晓之以理的方法仍无法摆脱对方的纠缠时，为了使对方真正意识到再磨下去也是白费劲，不妨在对方面前摆出一些自己无法逾越的客观上的障碍，表示自己实在力不从心，爱莫能助，从而使对方在放弃纠缠的同时对自己的拒绝给予谅解。

这里的局限和障碍可从两方面去强调：一是自身缺乏满足对方要求的某些必要条件，如技术力量、权限、资金等；二是社会的局限抑制，如法律、制度、纪律、惯例和形势等。这两者有时可单独运用，有时也可以综合运用。

二、引诱自否拒绝法

面对谈判中对方提出某些己方认为不合理的过分的要求、失实的指责，最好不要直言反驳，更不要拍案而起、反唇相讥，而可用这种引诱自否法，即先不马上答复，而是旁敲侧击地提出一些经过构思的问题，诱使对方在回答中不知不觉地否定自己原来提出的要求或观点。

三、先承后转拒绝法

人们的某些要求被对方拒绝时，或多或少都会因自尊心受损而感到不舒服，作为必须表示拒绝的一方如果要把拒绝留给对方心灵上的阴影减少到最低限度，应尽量避免以直接否定、全盘拒绝的语气去表达，以防止对抗心理的发生。

我们应从人们通常所具备的期望得到自尊、理解的心理需求出发，先从对方的意见中找出双方均不反对的某些非实质内容，从某个适当的角度予以肯定与认可，摆出其中的共同点，表达对对方的理解与尊重(先承)；然后再对双方看法不一致的内容进行比较平静与客观的阐述，以启发和说服对方。

这样一来，由于对方先获得了被尊重、被理解的心理满足，双方心理上的距离拉近了,当后来被拒绝时,会感到己方比较通情达理,因而被拒绝而引发的心理不协调就会大大削弱。

四、围魏救赵拒绝法

即当对方提出己方所不能接受的要求或意见时,己方不受对方的牵制,不采取直接拒绝或反对的方式,而是针对前边的谈判中对方拒绝己方意见的某些要害问题,以攻为守,再次要求对方退让,使对方反处于被要求给予理解的位置而忙于招架。这一来,如果对方坚持不能退让,也就不得不主动放弃要求己方作出较大退让的要求了。

五、补偿安慰拒绝法

在谈判中,有时己方对某些贸易成交寄予较大希望,志在必得,但在某些条款上对方要求太高,己方无法接受,考虑到如果斩钉截铁地一口拒绝对方,会损害谈判的气氛,甚至激怒对方而导致谈判破裂,使己方的希望全部落空。

为避免这种情况出现,我们可以采用这样的一种技巧,就是在答复拒绝的同时,在心理需求和物质利益上,在己方所能承受的范围内,给对方以其他方面的适当补偿,以缓解对方因失望而带来的心理不平衡。

六、委婉暗示拒绝法

就是不直接用语言明确地拒绝对方的要求,而是以各种比较含糊的语言方式或表情态势来向对方传递己方不能接受的信息。